Marie-Luise Kreisz

Hilf Dir Selbst zur richtigen Entscheidung!

DAS HUMAN DESIGN SYSTEM

tao.de

Marie-Luise Kreisz

Hilf Dir Selbst zur richtigen Entscheidung!

DAS HUMAN DESIGN SYSTEM

tao.de

Impressum

1. Auflage 2014

Autorin:	Marie-Luise Kreisz
Gestaltung Umschlag:	Linda Hess / Markus Voll
Gestaltung Innenteil:	Kerstin Fiebig

Printed in Germany

Verlag: tao.de, Bielefeld · www.tao.de · eMail: info@tao.de

Bibliografische Information der Deutschen Nationalbibliothek:
Die Deutsche Nationalbibliothek verzeichnet diese Publikation
in der Deutschen Nationalbibliografie; detaillierte bibliografische
Daten sind im Internet über http://dnb.d-nb.de abrufbar.

ISBN 978-3-95802-076-4

In Dankbarkeit

für meine Lehrer/innen und Schüler/innen

und für alle, die dazu bereit sind,

über den Tellerrand hinauszuschauen.

Inhalt

Vorwort

„Willst du nicht endlich ein Buch über Human Design schreiben?“ wurde ich immer öfter gefragt, bis ich schließlich die Idee aufgriff und mich mit großer Begeisterung ans Werk machte. So entstand das erste Buch auf Deutsch, das grundlegend in das Human Design System einführt, so dass die Leserin und der Leser dazu in die Lage versetzt werden, selbständig eine Human Design Körpergrafik zu „lesen“. Diese „Hilf dir Selbst“-Methode ist an alle Menschen gerichtet, die neugierig sind, mehr über sich selbst zu erfahren und dadurch lernen, die richtigen Entscheidungen in ihrem Leben zu treffen. Human Design eignet sich nicht nur zur Selbsthilfe für jeden Menschen, sondern liefert auch Personen in Sozial-, Lehrer-, Therapeuten-, Arzt- und Heilpraktiker-Berufen sowie Eltern in ihrer Kindererziehung neue, ungeahnte Lösungsoptionen.

Im Jahre 1999 hörte ich von einer langjährigen guten Freundin erstmals vom Human Design System. Es dauerte ein paar Monate, bis mein Interesse für dieses neue Wissen geweckt war, da ich mit dem Begriff „Human Design“ etwas Äußeres und Oberflächliches verband. Bald wurde ich eines Besseren belehrt, nachdem ich durch meinen späteren Lehrer Jürgen Saupe die tiefe Stimmigkeit dieses faszinierenden Systems erfahren durfte.

Was macht Human Design so anders und besonders?
Täglich kann man im Zusammensein mit anderen neue, tiefgreifende Erkenntnisse gewinnen. Das Verständnis für sich selbst und seine Mitmenschen nimmt zu und das Miteinander profitiert enorm davon. Dabei handelt es sich um kein in Stein

gehauenes Wissen. Es ist lebendiges Wissen, das jeder selber testen kann. Wer sich eingehend mit Human Design beschäftigt, kann ganz eigene, individuelle Zusammenhänge erkennen und umsetzen, so dass der Umgang mit sich selbst und anderen ehrlicher und authentischer wird.

An dieser Stelle möchte ich ganz besonders Ra Uru Hu, meinem einzigartigen Human Design Lehrer danken, der dieses Wissen auf mitreißende und tiefgründige Art und Weise weitergab. Ebenfalls danke ich Jürgen Saupe, der meine ersten Gehversuche im Human Design unterstützte und eine große Quelle der Inspiration für mich war. In all den Jahren des anregenden Lernens durch eine Vielzahl weiterer Lehrerinnen und Lehrer im deutsch- und englischsprachigen Raum und des lebhaften Austauschs mit meiner Klienten- und Schülerschaft durften meine Human Design Einsichten immer weiter wachsen. Dafür möchte ich all diesen Menschen sehr danken.

Mein besonderer Dank gilt *Joachim Kamphausen* für den Motivationsschub, an meinem Buch dran zu bleiben und es fertigzustellen. *Kirstin Dreimann* begleitete meinen Weg vom Manuskript zum Buch mit Umsicht und Sachverstand, dafür danke ich ihr sehr. Herzlich danken möchte ich ebenso meinen Human Design Wegbegleiterinnen *Irina, Gertrud, Margit* und *Monika* fürs Lesen meines Manuskripts und den fortwährenden inspirierenden Gedankenaustausch. *Linda* möchte ich vielmals danken für Ihre gestalterischen Ideen. *Franziska* und *Markus* haben Zeit und Herzblut investiert. Ich bin erfüllt von Dankbarkeit gegenüber *Markus,* der das Buchcover und die Grafiken gestaltete und gegenüber *Franziska,* die kurz vor knapp dem Text den letzten Schliff gab. Ein dickes Dankeschön möchte ich *Hans* aussprechen, der mir stets geduldig mit Rat und Tat zur Seite steht, obwohl er mich schon so viele Jahre mit Human Design teilen muss. Vielmals danken möchte ich *Stefan,* der es immer wieder schafft, mich davon zu überzeugen, dass der Computer kein Alien, sondern ein Verbündeter ist.

Einleitung

Viele Menschen möchten im Lotto gewinnen, den Jack-Pot knacken. Andere träumen vom Traumprinz oder von der Traumprinzessin oder „nur" von einer glücklichen Beziehung. Wieder andere wollen erwachen oder erleuchtet werden, doch mit dem Wollen ist das so eine Sache. Bekommen sie, was sie so sehr herbeisehnen?

Wir werden getrieben von Sehnsüchten und Wünschen, die Erfüllung kann jedoch nicht „gemacht" werden, wie jeder irgendwann im Leben feststellen muss.

Also heißt es, sich zu befreien von der Illusion, dass ich etwas tun kann. Unsere Chancen und Aufgaben begegnen uns, oder sie begegnen uns nicht. Offensein für das Unerwartete, das ist das einzige, was wir tun können. Möglicherweise trifft Sie der Blitz der Erkenntnis, dann zählen Sie zu den wenigen „Auserwählten", oder Sie haben das Glück, dass Ihnen ein Hilfsmittel über den Weg läuft und zwar ein sehr wirkungsvolles, vielleicht das wirkungsvollste, das es zur Zeit gibt. Ich hatte das Glück, auf ein solches zu treffen.

Es heißt Human Design System und stammt von dem kanadischen Physikprofessor und Künstler Allen Krakower, der im Januar 1987 auf der Mittelmeerinsel Ibiza eine mystische Stimmerfahrung hatte, die ihn zutiefst erschütterte und sein Leben grundlegend veränderte.

Diese Stimme teilte ihm mit, wie das Universum funktioniert. Er bekam von ihr das Human Design System und den Namen Ra Uru Hu. In den folgenden Jahren überprüfte Ra Uru Hu das offenbarte Wissen experimentell und 1992 fing er an, das Wissen weiter zu geben. Seither verbreitet sich Human Design auf der ganzen Welt.

Nachdem ich meine anfänglichen Vorurteile gegenüber „Human Design“ überwand, offenbarte sich mir ein System, das in dieser Form einmalig auf unserem Planeten ist: Ich erfahre nämlich, wer ich bin und ich erfahre, wer ich nicht bin. Es fiel mir wie Schuppen von den Augen. Wir alle glauben fatalerweise, der Mensch zu sein, der wir nicht sind.

Ich kannte Astrologie, I-Ging, Kabbala und die indische Chakrenlehre, wundervolle Erklärungsmodelle für das Menschsein für sich alleine betrachtet. Human Design vereinigt all diese Systeme in sich und verbindet sie darüber hinaus mit den modernen Wissenschaften Astronomie, Bio-Chemie, Physik und Genetik.

Human Design ist ein völlig neuartiges System der Selbsterkenntnis von unglaublicher Prägnanz und Tiefe, das mich in meinem Innersten berührte. Ich erkannte mich wieder in meiner Einzigartigkeit, also meinen Anlagen, die ich für dieses Leben mitbekam, aber auch in meiner Beeinflussbarkeit, in meinen Prägungen und Konditionierungen von frühester Kindheit an bis zum heutigen Tag.

Endlich bekam ich Antwort auf die Frage, die sich mir als Pädagogin immer wieder stellte: Was wiegt bei einem Kind stärker, die Anlage oder die Erziehung? Wir sind stets das Produkt aus beiden mit individuell unterschiedlicher Gewichtung, und genau das kann man aus der individuellen Körpergrafik eines jeden Menschen heraus lesen. Die Körpergrafik wird anhand der Geburtsdaten per Computer erstellt und zeigt die unverwechselbaren Anlagen eines Menschen auf. Die Körpergrafik ist Ihr genetischer Fingerabdruck. Diese individuelle Körpergrafik (Rave Chart) erhalten Sie kostenlos im Internet als „Gratis Chart“ unter *www.humandesignsystem.info* oder *www.jovianarchive.com,* wenn Sie Ihr exaktes Geburtsdatum eingeben. Ebenfalls gibt es dort einen Gratis Download der Software.

Human Design bietet noch viel mehr und zwar Lebenspraktisches.
Als zögerlicher und entscheidungsschwacher Mensch bekam ich ein Werkzeug an die Hand, das mir hilft, die für mich richtigen Entscheidungen im Leben zu fällen. Was für ein Geschenk!

Aufgrund meiner individuellen Disposition kann ich mich mitunter sofort entscheiden, aber es kann auch sein, dass ich Geduld aufbringen muss. Eine meiner längsten Entscheidungsfindungen beanspruchte neun Monate, und ich weiß nicht, ob ich noch am Leben wäre, wenn ich nicht auf das Korrekte gewartet hätte. Es ging dabei um eine lebensnotwendige Operation, zu der ich in der mir angebotenen

Form nicht zustimmen konnte, bis mich im Rahmen einer Fernsehsendung das Richtige ansprach. Bei den meisten Menschen geht es nicht darum, sich möglichst unmittelbar zu entscheiden, denn wie schnell ist die falsche Entscheidung getroffen, die nicht selten Auswirkungen hat auf das weitere Leben. Sie bereuen dann den Entschluss, den Sie jetzt aber nicht mehr rückgängig machen können.

Im Allgemeinen ist es so, dass wir unsere Entscheidungen mit dem Verstand fällen, und zwar, nachdem wir mehr oder weniger darüber nachgedacht haben. Trotzdem hat sich so manche Entscheidung später als großer Irrtum herausgestellt, worüber wir dann natürlich sehr unglücklich sind. Und das, obwohl wir mental alle Vor- und Nachteile gegeneinander abgewogen haben. Unser Verstand hat die Eigenschaft, dass er mit keiner Entscheidung zufrieden ist, weil er für und gegen alles Argumente finden kann. So können wir nie in Frieden mit uns selbst leben.

Für jeden Menschen gibt es eine spezielle Strategie, die sich aus einem von vier unterschiedlichen Grundtypen ergibt. Daraus kann jeder für sich erkennen, wie er herausfinden kann, was das Richtige ist, so dass er seine Fähigkeiten und Potentiale optimal einsetzt.

Zudem gibt es in unserem Inneren eine verlässliche Instanz, auf die wir bauen können, wenn wir vor einer Entscheidung stehen.

Human Design ist genial, denn es wirft uns auf uns selbst zurück. Mit diesem Wissen hören wir auf, den Autoritäten im Außen Glauben zu schenken. Wir hören auf, die Schuld bei uns und bei anderen zu suchen. Allmählich fangen wir an, unser ganz persönliches, ureigenes Leben zu führen, wozu wir hier auf Erden sind. Human Design ist kein Glaubenssystem, sondern ein Experimentierfeld.

Jeder Mensch, der sein individuelles Design kennengelernt hat, kann in seinem alltäglichen Leben ausprobieren, ob es funktioniert oder nicht.

Im Jahre 2000 begegnete ich Ra Uru Hu als charismatischer Übermittler des Human Design Systems und eine Zeit des intensiven Lernens und Erfahrens setzte ein. Meinen eigenen Prozess der Überprüfung habe ich durchlaufen und sehe den Wert dieses Wissens in meinen persönlichen Erfahrungen und als Human Design Analytikerin und Lehrerin täglich aufs Neue bestätigt.

Seit meiner Begegnung und Auseinandersetzung mit dem Human Design System kann ich mich nicht mehr in demselben Maße belügen wie vor dieser Zeit, wenngleich der Prozess einer Pendelbewegung gleicht, weil es Rückschläge geben kann in alte vertraute Muster. Es ist mein Körper, der mir dann zeigt, dass etwas nicht in Ordnung ist. Mein persönliches Leben ist seit Human Design spannender, ehrlicher und authentischer geworden.

Das heißt keineswegs, dass ich umgänglicher geworden bin, ganz im Gegenteil. Wer bei sich selbst ankommt, wird oft unbequem für die Mitmenschen, die es gewohnt sind, dass die oder der in der gewohnten Weise funktioniert.

Es gibt Literatur über das Human Design System, die allerdings Vorwissen voraussetzt. Meines Erachtens ist jetzt die Zeit gekommen, dieses wertvolle Knowhow einer breiteren Öffentlichkeit zugänglich zu machen – auch Menschen, die noch nie etwas von Human Design gehört haben.

Um Ihnen ein Gefühl für den jeweiligen Typ und Ihre Anlagen und Eigenschaften zu geben, bringe ich Beispiele aus meinen langjährigen Erfahrungen als Human Design Analytikerin und Lehrerin und aus der Biografie bekannter Personen.

Sämtliche geschlechtsspezifischen Ausdrücke sind stets beidergeschlechtlich zu verstehen.

Human Design bewirkt, dass Menschen zu sich selbst erwachen können. Was kann es Sinnvolleres und Schöneres geben? Ich lade Sie herzlich dazu ein, mit mir in die wundervolle Welt des Human Design Systems einzutauchen.

A | Einführung in das Human Design System

Wenn du nicht bei dir selbst beginnst,
kannst du alles Mögliche versuchen,
du wirst niemals das Ende des Leidens finden.
[Krishnamurti]

Was ist Human Design?

In der wörtlichen Übersetzung heißt Human Design „menschliche Form", „menschliches Muster". Wenn Sie Ihr persönliches Muster kennen, sozusagen Ihre individuelle Landkarte, dann erfahren Sie, wer Sie selbst sind und können in Ihrem Leben die Entscheidungen treffen, die für Sie richtig sind.

Das Leben wird von Entscheidungen bestimmt. Es stellt sich also die Frage: „Wie entscheide ich mich richtig?" Zum Beispiel: „Soll ich den Mann heiraten, mit dem ich nun schon drei Jahren befreundet bin?" Oder: „Soll ich den interessanten Job in Hamburg annehmen?"

Entscheiden Sie sich für einen Menschen oder für eine Arbeitsstelle, so kann das für Sie das große Glück bedeuten, aber es kann genauso gut die große Enttäuschung sein. Auch wenn Sie sich die möglichen Folgen Ihrer Entscheidung ausmalen, wie oft wurden Sie schon enttäuscht, weil es anders kam als Sie dachten?

Jeder Mensch ist anders, und deshalb muss jeder Mensch herausfinden, welches die für ihn richtige Entscheidung ist. Und dabei geht es viel weniger um das Was, sondern vor allem um das Wie: Wie finde ich zu der Entscheidung, die für mich die richtige ist? Worauf muss ich achten, um meinem Wesen, meinen Fähigkeiten und meinen Lebensthemen auf die Spur zu kommen und ihnen zu entsprechen? Sobald Sie sich richtig entscheiden, verändert sich Ihr Leben auf ganz leichte und praktische Art.

Hinter dem Zauberwort „Human Design System“, das sich nun schon seit einigen Jahren auf der ganzen Welt etabliert, verbirgt sich also die individuelle, genetische „Bedienungsanleitung“ für Ihr eigenes Ich, das weiß, was das Falsche und was das Richtige ist, und das Sie vertrauensvoll „Ja“ oder „Nein“ sagen lässt, ganz egal, was Ihnen im Leben begegnet.

Das Human Design System ist also dazu da, unser Leben einfacher und erfüllter zu machen. Es geht darum, sich selbst zu leben.

Was meinen Sie, wie viele Menschen sich selbst leben und lieben? Kaum einer! Wie denn auch? Wie kann ich mich leben und lieben, wenn ich nicht weiß, wer ich bin. Sich selbst zu leben heißt, zufrieden zu sein mit sich selbst. Aber wer ist schon zufrieden mit sich selbst? Wer träumt nicht davon, ein anderer oder eine andere zu sein?

Jeder Mensch ist perfekt und einmalig, so wie er ist. Jedoch die meisten Menschen wollen nicht so sein wie sie sind. Warum? Weil sie sich von den Leitbildern, Glaubenssätzen und Meinungen beeinflussen lassen, die ihnen von Kindesbeinen an sagen wollen, wie sie zu sein haben, sei es in der Familie, im persönlichen Umfeld oder in den Massenmedien. Jede Begegnung mit einem Menschen prägt uns, so wie uns auch alle planetaren Einwirkungen beeinflussen. Dazu kommen noch die gesellschaftlichen Konventionen, die uns weismachen wollen, was angemessenes Verhalten ist und was nicht. Doch diese Anforderungen haben absolut nichts mit den Fähigkeiten und Möglichkeiten zu tun, die eigentlich in uns stecken. Denn der Gesellschaft liegt absolut nichts an eigenständigen und selbstbestimmten Menschen. Sie prägt die Menschen so, wie sie sie braucht oder für richtig hält. Nur so können Produkte verkauft und Macht ausgeübt werden.

Dies funktioniert, weil wir alle soziale Wesen sind, und es uns wichtig ist, dazuzugehören. Doch wenn wir uns nur über dieses Außen definieren und über die Person, die wir glauben, sein zu müssen, dann verkaufen wir unsere Eigenart und letztlich damit auch unsere Bestimmung und unsere eigentliche Lebensaufgabe.

Das Human Design System ist ein völlig neuartiges System zur Selbsterkenntnis. Es wird Ihnen niemals sagen, was Sie tun oder lassen sollen. Es wird Sie lediglich dabei unterstützen, wie Sie eine verlässliche Instanz in Ihrem Inneren finden können, wenn Sie vor einer Entscheidung stehen. So sind Sie weitgehend immun gegen Fremdbestimmung von außen und bekommen ihr eigenes, unverwechselbares Leben, das Ihnen zusteht. Human Design ist kein Glaubenssystem. Es ist ein logisches, erfahrbares System, das Sie ganz konkret in Ihrem Alltag ausprobieren können. So können Sie herausfinden, ob Sie das leben, was Sie leben könnten. Durch diese Erkenntnis können Sie Verhaltensmuster loslassen, die mit Ihrem wahren Wesen nichts zu tun haben, so dass Ihr Leben spürbar reibungsloser wird.

Im Human Design geht es nie darum, sich in irgendeiner Weise zu „bessern". Es geht darum, seine eigene Wesensstruktur zu erkennen und im Einklang mit ihr zu leben. Dann fließt die Energie, die uns Lebensfreude und Erfüllung bringt.

Deshalb kann das Human Design in allen Lebensbereichen heilsame Veränderungen bewirken, sei es im Berufsleben, in Beziehungen oder im Umgang mit Kindern. Wir können lernen, uns selbst und einander mit größerer Wertschätzung zu begegnen und als diejenigen anzunehmen, die wir sind. Denn wir lernen zu unterscheiden, welches unsere genetisch angelegten Charaktermerkmale sind und welche Persönlichkeitsanteile von außen an uns herangetragen werden.

Hier haben wir ein enormes Potential, um zu lernen und uns zu entwickeln. Wenn ich aber nicht weiß, wer ich bin, kann ich angesichts dieser Beeinflussungen an meinem wirklichen Ich vorbeileben. Wenn ich weiß, wer ich bin, kann ich korrekt entscheiden, ohne mich von irgendetwas oder irgendjemandem manipulieren zu lassen.

Die Körpergrafik im Human Design Mandala

Ihr ganz individueller, genetischer Fingerabdruck spiegelt sich in Ihrer persönlichen Körpergrafik (Rave Chart). Um per Computer eine Körpergrafik zu erstellen, benötigt man den möglichst genauen Geburtszeitpunkt, das heißt den Geburtstag, die Geburtszeit und den Geburtsort.

Der genaue Zeitpunkt der Geburt ist aus der Sicht des Human Design der Moment, in dem das Kind zum ersten Mal räumlich getrennt ist von der Mutter, also

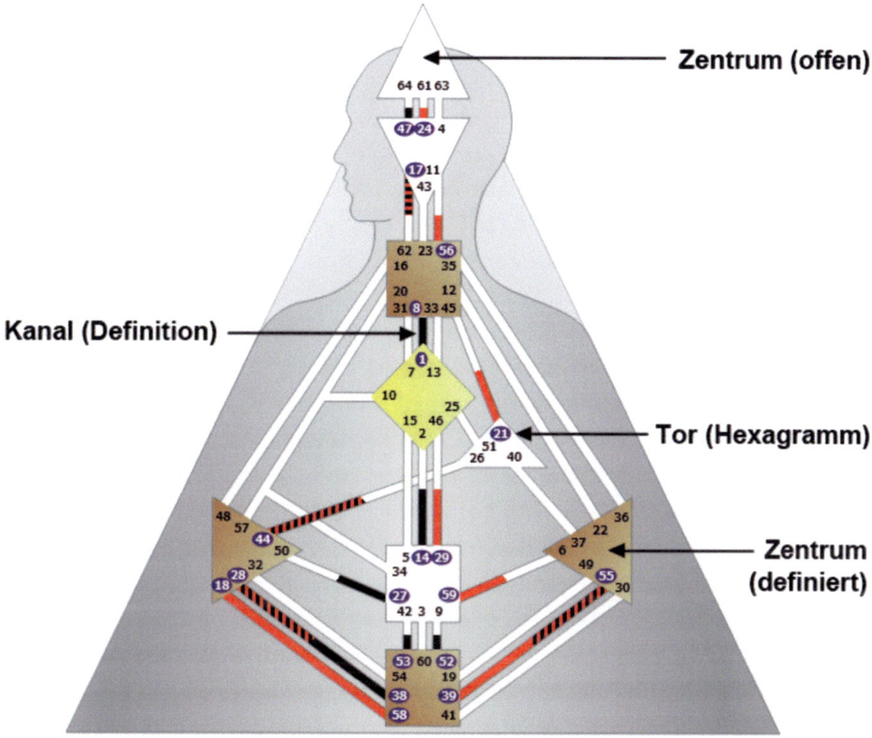

der Augenblick, in dem das Kind den Körper der Mutter zur Gänze verlassen hat. Jede Körpergrafik beinhaltet Zentren, Tore (Hexagramme) und Kanäle. Die Zentren stehen für die Grundaspekte des Menschen wie Verstand, Emotion, Ausdauerkraft und so weiter, die Kanäle bezeichnen spezifischere Eigenschaften, die sich dann bilden, wenn zwei Tore einander an den Zentren gegenüberliegen.

Wenn also zwei gegenüberliegende Tore definiert sind, definieren sie dadurch gemeinsam einen Kanal, und jeder Kanal, der zwei Zentren verbindet, definiert wiederum diese Zentren. Dies lässt sich in der Grafik als weiße (nicht definiert) und farbige Darstellung (definiert) ablesen.

Die neun Zentren, die aus der indischen Chakrenlehre kommen, werden durch 64 Tore und 36 Kanäle verbunden. Diese Verbindungen durch die Kanäle gehen auf den Baum des Lebens aus der jüdischen Kabbala zurück.

Im inneren Rad des Mandalas (siehe Abbildung rechts) sehen Sie die Tierkreiszeichen der westlichen Astrologie. Im Außenkreis um dieses Rad sind die 64 Hexagramme aus dem Chinesischen I-Ging angeordnet. Diese Reihenfolge der Hexagramme im Rad wurde im 12. Jahrhundert von einem chinesischen Mathematiker gefunden und als „Himmlische Ordnung" bezeichnet.

Im Human Design werden die astrologischen Informationen der Planeten in Hexagramme und Linien des I-Ging umgewandelt und in die entsprechenden Tore der Körpergrafik übertragen. Die Zentren stehen in einer klaren Beziehung zu entsprechenden Drüsen und hormonellen Vorgängen im Körper. Diese können dem Körper räumlich ungefähr so zugeordnet werden wie sie abgebildet sind. Hier ist der Bezug zur westlichen modernen Biologie hergestellt.

Das Human Design System macht zudem unsere genetische Prägung sichtbar, denn die 64 Hexagramme aus dem I-Ging entsprechen exakt den 64 Aminosäuregruppen des genetischen Codes, die in den 50er Jahren als die Grundbausteine des Lebens von Watson und Crick entdeckt wurden.[1]

Die Physik findet im Human Design System ihren Niederschlag in der bahnbrechenden Bedeutung der sogenannten Neutrinos. Die Neutrinos, so konnten die Elementarteilchenphysiker beweisen, sind elektrisch neutral und von geringer Masse und können große Schichtdicken durchdringen, wie zum Beispiel die ganze Erde. Die Neutrinos rasen annähernd in Lichtgeschwindigkeit in einer unvorstellbar großen Milliardenzahl durch jeden Quadratzentimeter von uns hindurch. Sie sind der kosmische Programmierungsstrom, wenn man so will und entstehen nur in Sternen. 70% der Neutrinos kommen von unserer Sonne; das erklärt wiederum die herausragende Bedeutung des Sonnenzeichens in der Astrologie.

Demnach findet im gesamten Universum eine unvorstellbare Informationsübertragung statt. Hier haben wir die wissenschaftliche Erklärung für Gedankenübertragung und für die morphogenetischen Felder nach Rupert Sheldrake.[2]

Als Basis für die Berechnung der jeweiligen Planeten-Positionen werden die aktuellen Daten der NASA herangezogen. Hier wird der Astronomie Rechnung getragen.

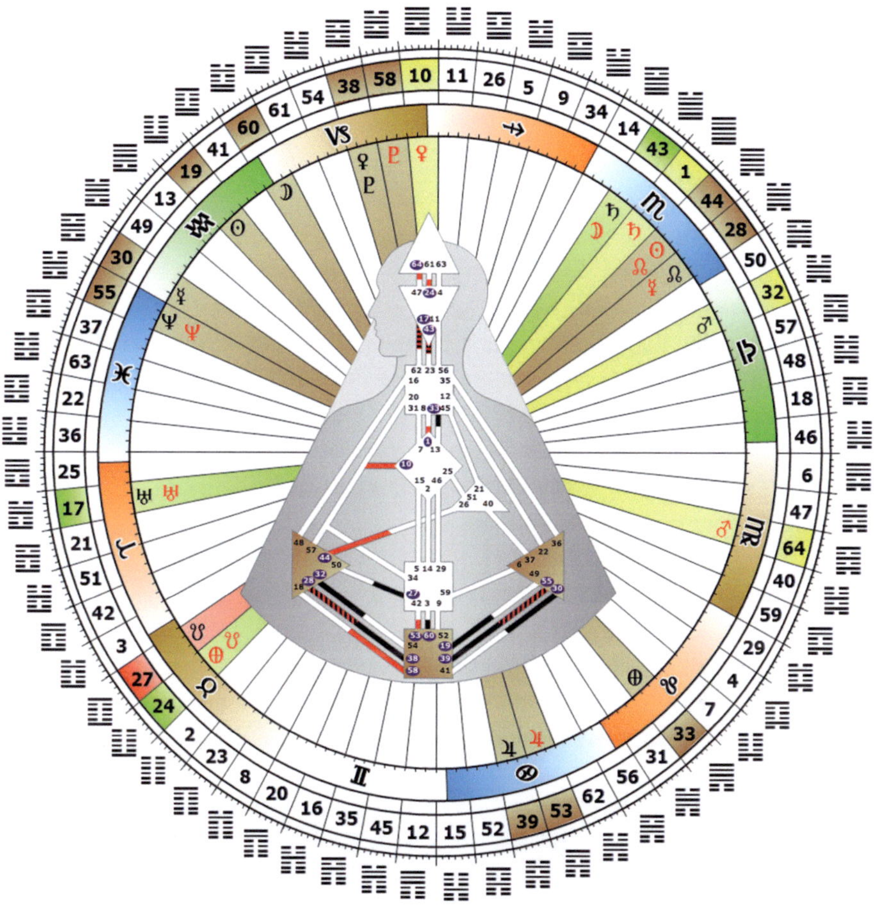

Die Körpergrafik und ihre zwei Berechnungen

Die Körpergrafik basiert auf zwei Berechnungszeitpunkten und den Planetenständen in diesen beiden Momenten.

Die erste Berechnung bezieht sich – wie auch die Astrologie – auf den Geburtsmoment. Hier zeigt sich Ihre Persönlichkeit, der Teil in Ihnen, mit dem Sie sich identifizieren. Das sind Ihre bewussten, psychischen Anteile. Hier haben sie Ihr unverwechselbar Eigenes. So sehen Sie sich selbst. Sie werden in der Körpergrafik schwarz dargestellt.

Die zweite Berechnung liegt genau 88° des Sonnenlaufs, also ungefähr drei Monate vor der Geburt. Zu diesem Zeitpunkt ist die körperliche Entwicklung im Mutterleib weitgehend abgeschlossen, so dass sich die Seele im Körper manifestiert. Unabhängig davon, wann die Geburt stattfindet, die Seele hält immer 88 Sonnentage vor der Geburt in den Körper Einzug. Das ist Ihr Design, der Teil in Ihnen, der Ihnen nicht zugänglich ist. Hier sind Ihre unbewussten, körperlichen Anlagen, über die Sie keinerlei Kontrolle haben, weil Sie diese Anteile automatisch ausleben. So werden Sie von den anderen gesehen. Deswegen besteht oft eine große Diskrepanz zwischen Selbst- und Fremdwahrnehmung. Diese unbewussten Anlagen werden in der Körpergrafik rot eingetragen. Sie können Ihnen im Laufe des Lebens zunehmend bewusst werden.

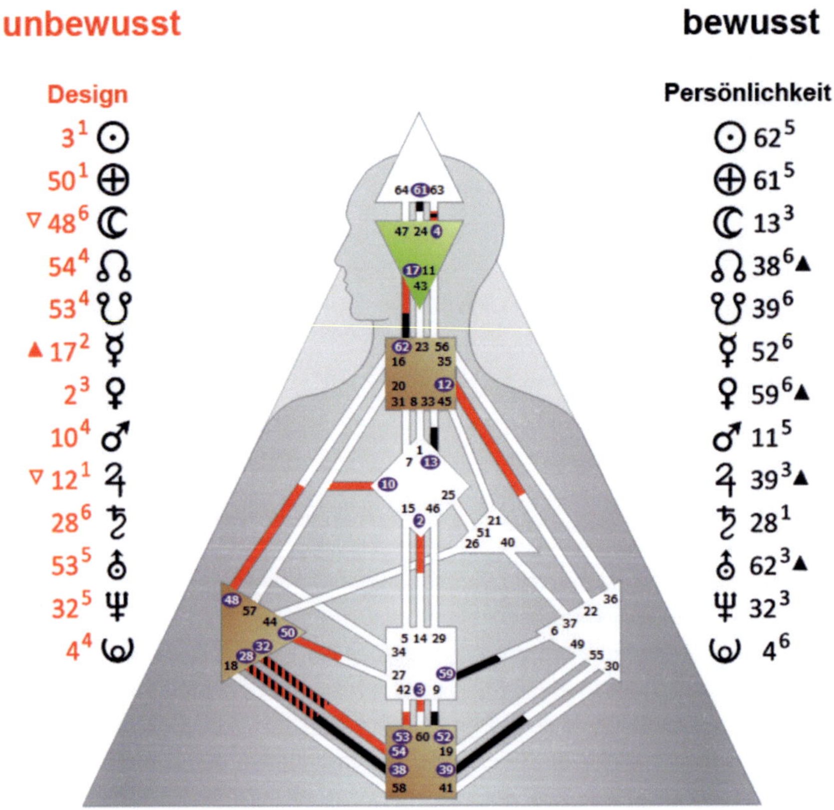

Wir sind also das Zusammenspiel aus der bewussten und aus der unbewussten Seite. Diese beiden Anteile ergeben zusammen das gesamte Bild unserer persönlichen Anlagen, die wir in dieses Leben mitbekommen haben.

An den Endpunkten eines Kanals steht jeweils eine Zahl, das heißt, einer oder mehrere Himmelskörper stehen in dem entsprechenden Hexagramm. Im Human Design wird in diesem Fall von einem definierten Kanal beziehungsweise von einer Definition gesprochen. Dort fließt eine bestimmte Energie. Jeder Kanal hat ein Thema, das einen Aspekt Ihres Lebens beschreibt. Die Kanäle und Tore (jeweils ein halber Kanal), in denen Hexagramme durch Planetenpositionen aktiviert sind, werden farbig gekennzeichnet. Die Zentren am Ende des Kanals werden ebenfalls farbig markiert. So ergibt sich ein Bild aus farbigen Zentren, Kanälen und Toren und aus weißen, offenen, nicht definierten Zentren, Kanälen und Toren.

Darüber hinaus gibt es die Möglichkeit, dass ein Kanal und/oder ein Tor gleichzeitig rot und schwarz eingefärbt ist, das bedeutet, dass die Anlage bewusst und unbewusst vorhanden ist.

Das Bild, das entsteht, ist ein wertfreies Abbild einer genetischen Persönlichkeitsstruktur.

Es ist weder gut noch schlecht, wenn eines Ihrer Zentren offen oder definiert ist. Daran ist nichts falsch und es kann und braucht nichts daran herumgebastelt zu werden. So sind Sie ausgestattet, genauso wie sie zum Beispiel blaue oder braune Augen haben. Es ist ihre genetische Grundausstattung.

Die Wandelbarkeit der Körpergrafik

Nur wenigen Menschen ist bewusst, wie sehr wir uns gegenseitig beeinflussen in unseren Gedanken, Vorstellungen und Gefühlen, in unserem Bewegungsdrang, Wohlbefinden und Lebensantrieb. Die fortwährende Anwesenheit eines anderen in unserer Aura kann auf lange Sicht sogar unser Erscheinungsbild verändern. Es ist die alte Geschichte von Hund und Herr, und von lange verheirateten Ehepaaren, die sich immer ähnlicher sehen. Die Tatsache, dass die Körpergrafik eines Menschen in jedem Fall mehr weiße, also offene Komponenten enthält, ist ein klarer Hinweis dafür, dass wir primär soziale Wesen sind und einander brauchen. Dieses Wissen um den Menschen als zutiefst soziales Wesen spiegelt sich auch im persönlichen Rave Chart wider.

Wenn in Ihrer Körpergrafik nicht alle farbigen Zentren durch eingefärbte Kanäle miteinander verbunden sind, dann können Sie diese nicht definierten Fähigkeiten nicht aus sich selbst heraus leben und umsetzen. Sie sind darauf angewiesen, dass Sie von außen Brücken bekommen, um diese Eigenschaften zu leben.

Brücken können Ihnen Menschen, Tiere und Pflanzen, aber auch Planeten-Transite bringen, das heißt, dass es Zeiträume gibt, in denen ein Planet in seinem momentanen Stand ein Hexagramm in Ihrer Körpergrafik aktiviert. In dem Moment, wenn die Brücke kommt, haben Sie zu all den dadurch aktivierten Anlagen Zugang und damit auch zu den Zentren, die dadurch neu definiert werden. Aber diese Verbindungen sind nicht dauerhaft. Geht der Mensch, das Tier oder der Transit, dann fällt die Brücke wieder weg.

Das heißt, sobald ein Mensch in Ihrem Umfeld ein Hexagramm definiert hat, das Ihnen fehlt, aktiviert er dieses Hexagramm und die damit in Verbindung stehenden Bereiche in Ihrer Körpergrafik. Wir sprechen hier von Aura, die sich beim Menschen in jede Richtung circa 1,80 bis 2,50 Meter ausdehnt.

Dass und wie stark wir uns gegenseitig beeinflussen, wird auch durch die Entdeckung der Spiegelneuronen in der Neurowissenschaft belegt. Spiegelneuronen im Gehirn bewirken, dass jedes Individuum in Resonanz geht zu den Stimmungen und Gefühlen anderer Menschen. Beispielsweise macht es für unser Bewusstsein kaum einen Unterschied, ob wir selbst eine traumatische Erfahrung machen oder diese nur als Zeugen miterleben. In beiden Fällen erleiden ungefähr gleich viele Personen (circa 7%) eine Posttraumatische Belastungsstörung, unabhängig davon, ob sie selbst einen Autounfall erleben oder nur Zeugen eines Gewalterlebnisses werden, das andere erfahren.[3]

Wir bestehen aus einem Gleichgewicht aus Festgefügtem, den Anlagen, die uns begrenzen auf bestimmte Eigenschaften, und Offenem, wo wir geprägt werden von außen und von anderen lernen können. Die Körpergrafik zeigt uns in den eingefärbten Bereichen, worauf wir bauen können, was in uns verlässlich ist.

In den weißen, nicht eingefärbten Bereichen sagt sie uns, wo wir offen sind. Hier haben wir nichts Verlässliches, sondern werden beeinflusst und konditioniert. Die meisten Menschen leiden unter Ihren offenen Zentren, weil sie versuchen, etwas zu sein, was sie nicht sind und nie sein können. Aber gerade die offenen Zentren sind es, die wir unendlich attraktiv finden, das heißt, wir jagen wie besessen dem hinterher, was wir nicht sind. Auf unsere große Verführbarkeit in den offenen Zentren gehe ich ausführlich im Kapitel D (Wer sind Sie nicht?) ein.

Wenn wir lernen, unser Design anzunehmen, sind es aber gerade die offenen Zentren, in denen wir sehr viel lernen können. Sie weisen uns also darauf hin, welche Kurse wir in der Schule des Lebens besuchen.

Das Erwachen aus dem Traum

Unter unserer scheinbar so selbstsicheren Oberfläche haben wir alle mehr oder weniger Angst. Wir haben Angst vor einem Mangel an Sicherheit, Geld, Beziehungen, Macht und Ansehen. All diese Ängste lassen sich reduzieren auf die Angst vor Zurückweisung und Einsamkeit, die nichts anderes sind als die Angst vor sich selbst. Viele Menschen hüllen sich heutzutage in Spiritualität, um sich mit diesen Ängsten nicht auseinandersetzen zu müssen.

In der westlichen Spiritualität wird Erleuchtung beziehungsweise Erwachen dabei zumeist mit Selbstvervollkommnung gleichgesetzt. Der weitverbreite esoterische Zierrat lenkt uns nur ab von der Möglichkeit des Erwachens. Allerdings lässt sich die Licht- und Liebe-Spiritualität sehr gut verkaufen. Dagegen ist Erwachen ohne spirituelles Brimborium höchst unpopulär. Zudem liegen den verschiedenen esoterischen Richtungen stets Glaubenssätze zu Grunde, die die Anhänger von ihren Lehrern und Meistern übernehmen. Hier ist die klassische Konditionierung am Werk.

Im wirklichen Erwachen geht es nicht darum, ein besserer Mensch zu werden, offener, liebevoller und fröhlicher zu sein und näher zu Gott zu kommen.

Wenn wir das Wissen um unser individuelles Design erhalten, wie unser Traumzustand in der dualistischen Welt konkret aussieht, erkennen wir unsere Konditionierungen und können anfangen, sie loszulassen, all die Emotionen, Meinungen, Konzepte und Glaubenssätze, die wir schon so lange mit uns herumschleppen, die aber von anderen kommen. So beginnen wir einen siebenjährigen Prozess der Dekonditionierung zu durchlaufen, und was am Ende übrig bleibt, das sind wir selbst. Im Human Design brauchen wir keinen Meister, der uns hilft, die Wahrheit zu erkennen. Das Wissen um unser persönliches Design, das ist der Meister. Dazu müssen wir weder meditieren noch fasten oder irgendeine andere Technik praktizieren. Auch brauchen wir uns aus der Welt nicht zurückzuziehen. Das Wissen arbeitet in uns und löst allmählich alles auf, was wir nicht sind. Was bleibt am Ende? Die Wahrheit, wer wir sind. Es erfordert Mut und Geduld, seiner eigenen Natur gemäß zu leben. Als Voraussetzung brauchen wir nichts als die Bereitschaft, im täglichen Leben mit unserem Design zu experimentieren.

Im Human Design geht es zunächst darum, die Dualität in sich und in anderen zu erkennen und anzuerkennen. Das sogenannte Gute hat genauso seinen Platz wie das sogenannte Böse, wie auch Licht und Schatten, Yang und Yin. Wir können die schlimmen Nachrichten, Tod und Krieg, nicht ausblenden wie es in esoterischen Kreisen gerne gehandhabt wird. Das Dunkle ist Teil von uns, Teil der Illusion. Solange wir es leugnen, verdrängen wir es und degradieren unser Leben zur Scheinexistenz, zur Farce. Wenn wir lernen, uns in unserer Qualität anzunehmen, indem wir aufhören zu urteilen und anfangen, uns in unserem So-Sein zu akzeptieren, öffnen wir uns für die Chance des Loslassens. Allmählich gelingt es uns, die Dualität zu überwinden, weil wir uns nicht länger mit den „guten“ und „schlechten“ Seiten unseres Wesens identifizieren und aufhören in unser Leben dreinzureden und dazwischen zu funken. Endlich können wir die Schönheit sehen, die in uns und in allem Leben liegt. Wir erwachen aus dem Traum und werden zum Fahrgast, der dem Fahrer, der Fügung, nicht länger ins Lenkrad greift. Unser Körper ist das Fahrzeug, auf das wir angewiesen sind. Der Fahrer kennt das Fahrzeug und weiß genau, wo es hingeht; wir sind der Fahrgast, und es ist unsere einzige Aufgabe, im Fahrzeug auf dem Rücksitz Platz zu nehmen, uns bequem zurückzulehnen und die Landschaft an uns vorüberziehen zu lassen.

Die mystische Stimme sagte zu Ra Uru Hu: „Keine Wahl!“ Unser Leiden beginnt damit, dass wir der Illusion erliegen, unser Schicksal in der Hand zu haben. Wenn wir als Kollektiv aufhören, nach den Gründen zu fragen – die Argumente dafür und dagegen können nie die Wahrheit sein – werden wir das Tao, das Absolute erkennen. Nur das Absolute weiß, dass Sie sind, was Sie sind.

Ra Uru Hu betonte immer wieder, dass das Wissen des Human Design in erster Linie für die Kinder da ist. Denn sobald die Eltern wissen, wie ihr Kind angelegt ist, können sie es in die Richtung bestärken, die seiner Natur entspricht.

Die Welt, die wir wahrnehmen und die unsere Wissenschaft erforscht, ist nur eine Hälfte einer größeren Dualität. Wir bewohnen die vierdimensionale Welt, metaphysisch ausgedrückt ist es die Yang-Welt des Lichts.[4] Sie ist unserem Verstand zugänglich, begrenzt durch ihre vier Dimensionen und stellt die eine Seite der Medaille dar. Die andere Seite der Medaille beinhaltet die Yin-Welt der Dunkelheit; sie hat fünf Dimensionen und kann von uns nicht wahrgenommen werden. Aber die Yin-Welt ist es, nach deren Gesetzen alle Existenz bestimmt wird. So sagte es die mystische Stimme zu Ra Uru Hu. Der Verstand vermag es nicht, über die Grenzen der von uns wahrgenommenen Welt hinauszuschauen. Welch unsinniges Unterfangen muss es dann sein, wenn Entscheidungen mit dem Verstand gefällt werden.

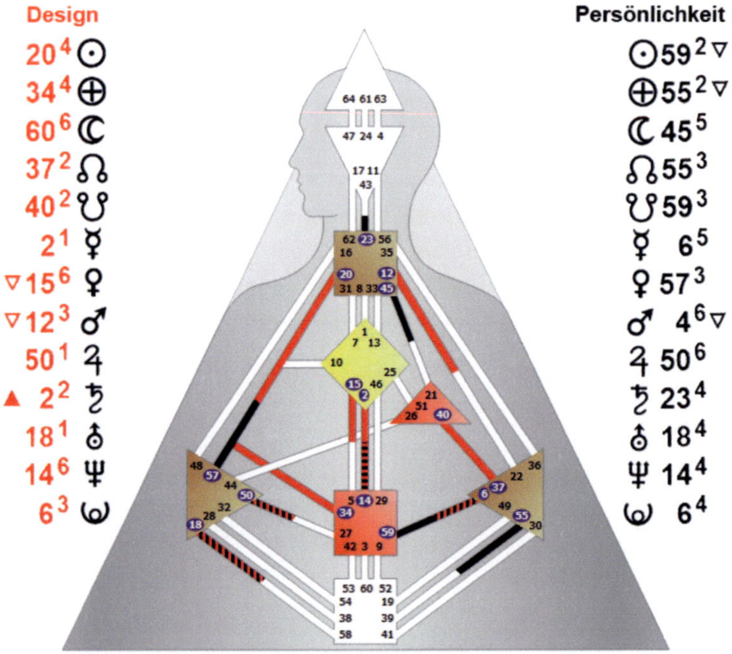

Claudia Schiffer

Kurz-Analyse am Beispiel von Claudia Schiffer

Nun ein kleiner Vorgeschmack für Sie, was Sie aus einer Körpergrafik herauslesen können, nachdem Sie das Buch gelesen haben.

Claudia Schiffer ist ein manifestierender Generator. Ihre Strategie heißt Warten, bis sie reagieren kann auf Lebenssituationen und Fragen, die auf sie zukommen.

Ihre besondere Begabung wird von außen erkannt. Deswegen werden ihr immer wieder Gelegenheiten offeriert, auf die sie antworten kann.

Bei wichtigen Entscheidungen sollte sie sich jedoch stets Zeit lassen, und sich auch ruhig mehrmals fragen lassen, da es für sie keine Wahrheit im Jetzt gibt, obwohl sie einen direkten Zugang zu ihrer intuitiven Wahrnehmung hat. Als emotionaler Mensch sollte sie sich mehrere Eindrücke von einer Situation oder von einem anderen Menschen machen, bevor sie zu einer endgültigen Entscheidung kommt. Wenigstens sollte sie Entscheidungen eine Nacht überschlafen.

Claudia Schiffer ist ein Naturtalent darin, sich augenblicklich über ihren Instinkt körperlich auszudrücken. Das ist ihre ganz eigene, individuelle Sprache, die gesehen wird und zu Angeboten führt. Da sie betont individuell veranlagt ist, kennt sie das Thema der Melancholie; diese ist der Antrieb für ihren kreativen Ausdruck. Schiffer braucht auch immer wieder den Rückzug und ihren eigenen Bereich.

Das Alleinsein fällt ihr leicht. Andererseits hat sie eine starke Hervorhebung im Gemeinschaftlichen. Sie ist ein Gruppen- und Familienmensch und verfügt über ein Netzwerk von Freunden, die ihr persönliche und berufliche Gelegenheiten anbieten. Zum einen vermag sie durch ihr Beispiel andere Individualisten in deren Eigensein zu bestärken, was letztlich die Gesellschaft verändern kann und zum anderen zählen für sie die gegenseitige Unterstützung in Familie und Gemeinschaft. Sie ist dazu in der Lage, ihren individuellen Beitrag für die Gemeinschaft zu leisten.

Schiffer hat jederzeit Zugang zu ihrer vitalen Körperkraft, zu ihren Emotionen und zu ihrer Ich-Stärke, sowie zu ihrer Intuition und ihrer individuellen Ausrichtung im Leben. Dazu braucht sie keinen anderen Menschen. Diese starken Anlagen machen sie relativ unabhängig von außen. Wenn sie mit anderen zusammen ist, hat sie die Neigung, sich Sorgen und Gedanken über Dinge zu machen, die mit ihrem Leben nichts zu tun haben. Damit kann sie sich unnötig belasten. Auf der anderen Seite ist sie enorm offen für Inspirationen jeglicher Art. Sobald sie alleine ist, kann sie mental loslassen. Mitunter kann sie sehr stur sein, indem sie auf einer bestimmten Meinung beharrt, andererseits kann sie praktisch alles lernen, wenn sie sich dafür öffnet. Sie ist die Intellektuelle. So erstaunt es wenig, dass sie anfangs das Jura-Studium dem Model-Beruf vorgezogen hatte.

Schiffer kennt es, Dinge möglichst schnell erledigen zu wollen, was ihr unnötig Stress bereitet. Ebenfalls ist ihr Lampenfieber vertraut, das sie jedoch angesichts eines begeisterten Publikums zur Höchstform auflaufen lässt. Sie hat das Potential, ihre Zuschauerschaft darin zu beeinflussen und zu bestärken, selber ausgefallene Kleidung zu tragen und zu kaufen. Schiffers lange und erfolgreiche Karriere als Top-Model sind kein Zufall, wenn man ihre Körpergrafik anschaut. Jetzt fungiert sie als ideale Werbeikone in der Rolle von Mutter und Ehefrau. Das nimmt ihr jeder ab auf Grund ihrer starken Anlage als Familienmensch.

Claudia Schiffer ist ein freundlicher und freundschaftlicher Mensch mit dem tiefen Bedürfnis nach Privatsphäre und was sie macht, zieht sie kraftvoll und mit großer Standfestigkeit durch.

B | Welcher Typ sind Sie?

Du musst dich selbst verstehen
und du kannst dich jeden Tag
ein wenig spielerisch damit befassen.
[Krishnamurti]

Die vier Typen im Überblick[5]

Spirituelle Lehrer betonen immer wieder, keinen Widerstand zu leisten und sich seiner Wesensart und dem Leben hinzugeben nach dem Leitsatz im Vaterunser: „Dein Wille geschehe!“ Heiliger Wunsch! Wie kann ich ihn realisieren, wenn ich keine Ahnung habe, wer ich in Wirklichkeit bin? Human Design verschafft mir den Zugang zu meinen Mechanismen und eröffnet mir die Möglichkeit, den eigenen Typ zu verstehen und mit diesem Wissen zu experimentieren. So können wir zu unserer Wesensart erwachen. Ein Schlüssel dazu ist die Erkenntnis, zu welchem Grundtyp wir mit unserem persönlichen Design zählen. Denn ganz ähnlich wie die Menschen in vier unterschiedliche Blutgruppen eingeteilt werden können, gibt es im Human Design vier verschiedene Grundtypen von Menschen jenseits aller genetischen Vielfalt im Design eines einzelnen.

Diese vier Typen spiegeln die vier Grundbausteine (Basen) unserer DNS wider. Sobald ein Mensch die Strategie auslebt, die für seinen Typ korrekt ist, nehmen die Widerstände im Innen und Außen ab. Dadurch wird das Leben spürbar leichter.

Die vier Grundtypen bilden zwei Gruppen, nämlich die Energie-Typen und die Nicht-Energie-Typen. Zu den Energie-Typen gehören der Generator und der Manifestor. Zu den Nicht-Energie-Typen zählen der Projektor und der Reflektor.

Die Welt braucht alle vier Typen, denn sie greifen ineinander. Die beiden Energie-Typen Generator und Manifestor formen die kreative, schöpferische und tatkräftige Basis, an deren Spitze die Projektoren als natürliche Führungspersonen stehen. Führung ist hier jedoch nicht im Sinne von Macht oder Befehlsanordnung zu verstehen, im Gegenteil. Die Projektoren sind angewiesen auf die Energie der Generatoren und Manifestoren und können ihre Fähigkeiten nur in die Welt bringen, wenn sie dazu eingeladen werden. Im Mittelpunkt der Gemeinschaft stehen die Reflektoren, weil sie ein sicheres Gefühl für Ausgleich und Gerechtigkeit innerhalb der Hierarchie haben.

Menschen mit angelegtem Sakral-Zentrum

Der Generator – allgemein

Einen Generator erkennt man in der Körpergrafik daran, dass sein Sakral-Zentrum, definiert, also rot eingefärbt ist. Das Sakral-Zentrum ist ein starker Motor mit großer Ausdauerkraft. Diesem Persönlichkeitstyp gehören statistisch ca. 70% aller Menschen an.

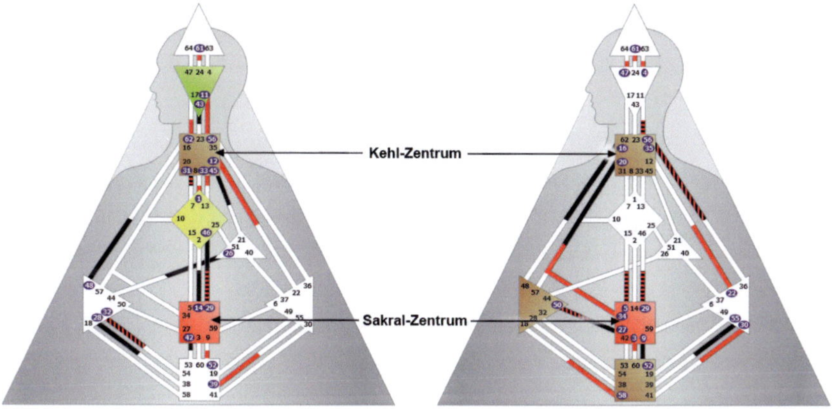

reiner Generator **Manifestierender Generator**

Als Generator verfügen Sie über die stärkste Lebenskraft schlechthin. Ihre Energie ist ständig wirksam, 24 Stunden am Tag. Generatoren sind die Marathonläufer unter den Menschen, denn sie halten die Welt am Laufen. Sie haben am meisten Kraft von allen, aber sie sind nicht dazu geschaffen, Handlungen oder Taten zu initiieren. Für Leistungssport sind Generatoren geeigneter als die drei anderen Grundtypen, weil sie Ausdauerkraft zur Verfügung haben. Die Generatoren sind ebenfalls die geborenen Eltern. Es ist der einzige Typ, der die Kraft zur Kinderaufzucht mitbringt und seinen Kindern aus sich selbst heraus echte Nestwärme geben kann. Das definierte Sakral-Zentrum fühlt sich von außen nämlich an wie ein wärmender Ofen.

Sie als Generator sind zum Arbeiten auf der Welt. Sie sind ein Erbauer der Welt. Sie können arbeiten und arbeiten gerne, weil Sie viel eigene Energie zur Verfügung haben. Als Generator können Sie ein richtiges Arbeitstier sein. Es ist gesund für Sie, wenn Sie arbeiten. Übrigens sollten Sie erst dann zu Bett gehen, wenn Sie müde sind vom Arbeiten. Aber Sie brauchen auch wieder Zeiten der Regeneration, sonst reagiert Ihr Körper mit Erschöpfung und langfristig sogar mit Degeneration.

Aber es muss die richtige Arbeit für Sie sein. Nur so finden Sie die höchste Erfüllung und die größte Zufriedenheit. Die für Sie korrekte Arbeit finden Sie, wenn Sie auf Ihr ureigenes Reagieren warten. Widrige Arbeitsumstände setzen Ihnen zu, insbesondere wenn sie schon lange Zeit bestehen. Was glauben Sie, warum wir überall so viel Frustration spüren? Weil so viele Generatoren die falschen Jobs haben.

Auch können Sie den anderen Typen Kontinuität ins Leben bringen, aber genauso Frustration, wenn Sie Dinge machen, die für Sie nicht richtig sind, zum Beispiel eine Arbeit verrichten, die keine Freude bereitet.

Sie als Generator sollen auf das Leben reagieren, weil das Ihre große Stärke ist. Ihr Zauberwort heißt: Warten. Rennen Sie als Generator einfach drauf los, ohne gefragt zu werden, ernten Sie jede Menge Widerstand im Außen. Dann verpufft Ihre wertvolle Energie, Sie werden dabei immer frustrierter und verstehen die Welt nicht mehr. Wenn Sie nicht warten, machen Sie sich zum Sklaven der anderen und merken es oft gar nicht. Wenn Sie lernen, der Kraft des Wartens zu vertrauen, werden Sie immer reichlich belohnt. Denn dann kommt immer das Richtige im Leben auf Sie zu, auf das Sie reagieren können.

Ihr Handeln sollte immer aus der Empfänglichkeit heraus entstehen. Hören Sie damit auf, Dingen nachzujagen. Sie müssen achtsam wahrnehmen, wenn etwas auf Sie zukommt und beobachten, ob Sie reagieren, antworten, ansprechen können, damit Ihre Schaffenskraft, Ihr sakraler Motor, anspringt und loszieht.

Das Leben kommt mit einer Anfrage durch Menschen oder durch Tiere oder durch Situationen auf Sie zu, und Ihr Motor der Schaffenskraft spricht an oder auch nicht. Die Fragen, die das Leben Ihnen stellt, müssen nicht verbal ausgedrückt sein. Sie können als Generator auch auf das Miauen von Nachbars Katze oder auf einen Kinderschrei reagieren.

Der Generator hat eine vollständig offene, einhüllende Aura, von der auch die anderen Typen profitieren. Ohne die Vitalität und Empfänglichkeit der Generatoren würden die anderen drei Typen verdorren wie Schnittblumen ohne Wasser.

Unsere Umwelt will uns immer wieder einreden, dass nichts passieren würde, wenn wir einfach nur warten. Wenn Sie diesen Zweifel überwinden können, erkennen Sie, dass Ihr Leben wirklich mühelos ablaufen kann. Rufen Sie zum Beispiel drei Wochen lang niemanden an und schauen Sie dann, was passiert. Solange Sie nicht Ihr wahres Selbst ausleben und nicht auf das Reagieren warten, sind Sie der Sklave für die anderen. Wenn Sie warten, sind Sie wie ein Magnet und Menschen kommen auf Sie zu und fragen Sie. Es ist wie mit den Priesterinnen von Delphi: Die Menschen müssen zu ihnen gehen und sie fragen. Sonst bekommen die Menschen nichts von den Priesterinnen. Ihr großes Handicap ist die Ungeduld. Sie warten nicht, bis das Antworten oder Reagieren aus Ihnen kommt. Nur wenn Sie sich fragen lassen, wissen Sie, was für Sie richtig oder falsch ist, und was Ihre Werte im Leben sind.

Statt empfänglich zu sein, rennen Sie herum, mit dem Ergebnis, dass nichts läuft. Sie sind dann zutiefst unglücklich und frustriert. Sie sollten niemals den ersten Schritt tun! Wenn Sie reagieren, können Sie Bedingungen stellen. Nach lebenslanger Frustration fühlen Sie sich minderwertig und können es kaum glauben, dass Sie auf andere anziehend wirken. Warten Sie, bis Sie Leute oder Situationen ansprechen und schauen Sie, ob Sie anspringen. Wenn ja, dann reicht Ihre Energie aus.

Lassen Sie die Dinge und das Leben auf sich zukommen! Geben Sie sich dem Leben hin! Leiten Sie nichts von sich aus ein! Grundsätzlich wünschen Sie das Losrennen, das jedoch nicht Ihrem Naturell entspricht. Als Folge davon erfahren Sie im Außen Widerstand und Ablehnung. Ihre Strategie als Generator heißt: Warten, bis Sie aus dem Bauch heraus ansprechen!

Sie werden sich fragen: Wann weiß ich als Generator, ob ich reagieren soll? Der Generator hat eine eigene Sprache. Dies ist eine ganz und gar unbewusste Sprache, die sich in Lauten des Behagens, des Unbehagens oder der Kraftanstrengung ausdrückt. Wenn Sie hören, dass Sie Grunz- oder Brummlaute von sich geben, dann wissen Sie: Meine Bauchstimme, meine sogenannte sakrale Stimme hat gesprochen. Hören Sie sich auf eine Frage mit „m-hm" antworten, dann bedeutet das: „Ja!" Hören Sie sich auf eine Frage mit „n-n" antworten, dann bedeutet das: „Nein!"

Als Kind haben Sie solange mit m-hm und n-n geantwortet, was für Sie zutiefst korrekt war, bis man es Ihnen aberzogen hat mit dem allseits bekannten Satz: „Kannst du nicht anständig „Ja!" oder „Nein!" sagen!" Gewöhnen Sie's sich wieder an! Dann bekommen Sie die korrekten Antworten für sich selbst.

Ihr sakraler Motor springt auch dann an, wenn Sie in Ihrem Bauch Aktivität spüren, dass es Sie irgendwo hinzieht. Dann heißt es, mit der Kraft zu gehen.

Häufig ist das „Nein" bzw. „N-n" sehr deutlich spürbar. Ich bin selbst Generator und kenne mein „N-n", solange ich zurückdenken kann. Es fühlt sich für mich so an, als ob ich wie ein Igel meine inneren Stacheln aufstelle. Natürlich habe ich nicht immer danach gehandelt, weil „man ja niemanden beleidigen will!" oder dies und das nicht tun darf oder soll.

Je schneller Sie auf etwas anspringen, umso schneller können Sie den Kontakt zu Ihrer Bauchstimme verlieren. Und natürlich gibt es Menschen, die uns leichter von uns selbst wegbringen als andere. Es sind meist die Menschen, die uns nahe stehen und/oder solche, denen wir gefallen wollen.

Immer wenn Sie meinen, mit der Brechstange etwas durchsetzen oder entscheiden zu müssen, sind Sie gut beraten, abzuwarten. Starker innerer oder äußerer Widerstand ist ein deutlicher Hinweis dafür, dass die Zeit für die Umsetzung noch nicht reif ist. Auch wenn Sie vom Verstand her davon überzeugt sind, dass eine Aktivität jetzt gut und richtig ist, Sie werden sie nicht wirkungsvoll in die Welt bringen können, solange Sie nicht gefragt wurden und Ihr Sakral-Zentrum nicht die Chance hatte, anzuspringen oder eben auch nicht.

Lassen Sie sich als Generator also fragen. Zu beachten ist dabei, dass es Entscheidungsfragen sein müssen, das heißt, dass Ihnen beide Möglichkeiten zu antworten offen stehen, wie zum Beispiel: „Gehst du mit ins Kino?" „ Magst du mit mir verreisen?" Wenn zwei Generatoren im Restaurant sitzen, können Sie sich gegenseitig die Speisekarte abfragen, um zur richtigen Entscheidung zu kommen.

Es ist auch ganz wichtig, dass Generator-Kinder gefragt werden. „Magst du das Zimmer aufräumen?" „ Möchtest du Spaghetti mit Tomatensauce essen?"

Falls Sie in einer Situation mehrere Entscheidungsmöglichkeiten haben, wäre es sinnvoll, wenn Sie diese aufschreiben würden in Form von Entscheidungsfragen, auf die es nur die Antworten ja (m-hm) oder nein (n-n) gibt. Lassen Sie sich von unterschiedlichen Menschen diese Fragen stellen. Dabei sollten Sie entspannt sitzen, bestenfalls legen Sie Ihre beiden Hände auf den Bauch und spüren in Ihren Bauch hinein. Versuchen Sie nicht nachzudenken, sondern unmittelbar aus Ihrem Bauch heraus zu antworten. Bitten Sie Ihr Gegenüber, es möge Ihre Antworten notieren.

Wenn Sie das Procedere mehrmals wiederholen, wird sich mit der Zeit eine klare Antwort für Sie herauskristallisieren.

Fragen Sie die Generatoren in Ihrem Umfeld, sei es Ihr Kind, der Partner oder die Arbeitskollegin, ein Loch in den Bauch. Sobald Ihr Generator-Gegenüber gelernt hat, aus dem Bauch heraus zu antworten, hören Sie die Wahrheit. Es gibt nichts Ehrlicheres als die sakrale Reaktion aus dem Bauch eines Generators, nachdem er gefragt wurde. Der Bauch kann nie lügen.

Warten heißt beim Generator nicht Nichtstun. Sie können jederzeit reagieren. Sie können sofort mit Ihrer Strategie experimentieren. Aber es kann dauern, bis Sie Ihren sakralen Motor in sich spüren. Wir haben gelernt, Entscheidungen mental abzuwägen, mit dem Kopf das Für und Wider zu bedenken und glauben, dass wir damit zu guten Ergebnissen kommen. Deshalb fällt es uns oft schwer, dieses Bauchgefühl, das uns die Entscheidung mitteilt, überhaupt wahrzunehmen; es ist überlagert von den vielen Gedanken und Abwägungen, die wir für wichtig halten. Was Sie als Generator neu lernen müssen: Die Entscheidung liegt nicht in den Überlegungen, die wir zu einem Thema anstellen, sie liegt einzig und allein in unserem sakralen Motor, der anspringt oder eben nicht. Nur wenn wir auf diese Bauchstimme hören, finden wir die Entscheidung, die für uns die richtige ist.

Im Normalfall wissen Sie als Generator nicht, wer Sie sind. Finden Sie es heraus! Die Magie des Human Design Systems besteht im Ausprobieren. Für dieses Experiment sind Sie als Generator besser geeignet als alle anderen Typen. Sie als Generator haben die Chance, am schnellsten erwachen zu können. Innerhalb einer Sekunde kann sich Ihr ganzes Leben verändern.

Probieren Sie's aus! Es lohnt sich für Sie immer.

Der reine Generator

Man erkennt den reinen Generator in der Körpergrafik daran, dass sein rotes Sakral-Zentrum nicht direkt an das Kehl-Zentrum angeschlossen ist, weil eine Unterbrechung in den Kanälen vorliegt. Ungefähr die Hälfte aller Generatoren sind reine Generatoren.

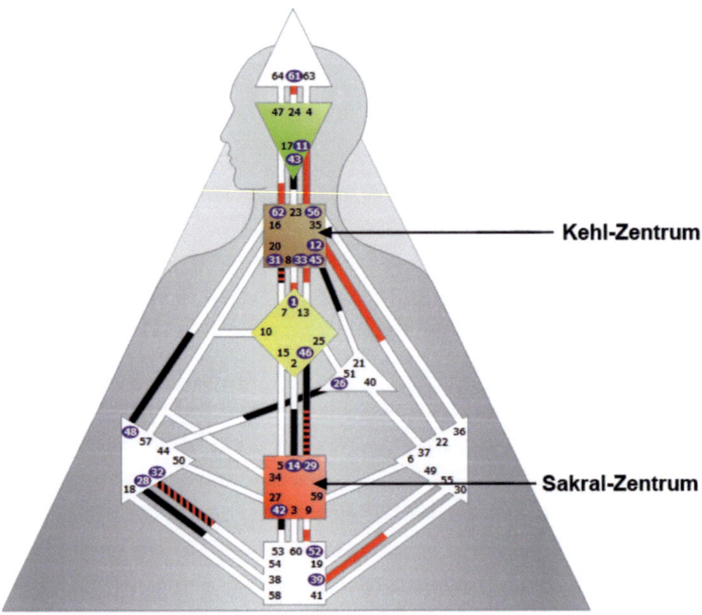

reiner Generator

Die Grundtypen des Human Design vergleiche ich gerne mit Tieren, um sie noch etwas anschaulicher zu machen. Das Tier, mit dem sich der Grundcharakter des reinen Generators gut verstehen lässt, ist der Arbeitshund. Ein Arbeitshund liebt es, zu arbeiten, aber es muss die für ihn richtige Arbeit sein. Denn einen Lawinenhund kann ich nicht als Jagdhund einsetzen und ein Blindenhund eignet sich nicht als Drogenspürhund oder Schlittenhund. Ein Generator ist kein Schoßhündchen, das sich den ganzen Tag herumtragen und liebkosen lässt.

Alice Schwarzer als Beispiel für einen reinen Generator
Die deutsche Journalistin und Frauenrechtlerin Alice Schwarzer reagierte erstmals öffentlich auf die Diskussion um den Abtreibungsparagraphen mit ihrer Aktion „Frauen gegen den §218“. Als Generator mit Durchhaltekraft blieb sie am Ball und veröffentlichte im Jahre 1975 ihr erstes Buch: „Der kleine Unterschied und seine Folgen.“ Das Buch wurde in elf Sprachen übersetzt und machte sie zur Gallionsfigur der deutschen Frauenbewegung.

1977 erschien die erste Ausgabe der von ihr gegründeten Zeitschrift „Emma“. Es war ihre Antwort auf die Ungleichbehandlung der Frauen gegenüber den Männern.

Alice Schwarzer ist gern gesehener Gast in Diskussionsrunden und seit den 90-er Jahren auch in Unterhaltungssendungen im Fernsehen. Sie reagiert unmittelbar, durchaus humorvoll und charmant, was ihr in der breiten Öffentlichkeit Sympathie und einen hohen Bekanntheitsgrad eingebracht hat. Indem Schwarzer auf den Zeitgeist reagierte, wurde sie zur Wegbereiterin für ein Umdenken in einer von Männern dominierten Welt.

Weitere Beispiele für reine Generatoren:
Khalil Gibran, Günter Grass, Julia Roberts, Michail Gorbatschow, Pink, Edward Snowden, Maggie Thatcher, Coco Chanel, Eros Ramazzotti, Dalai Lama, Marie Curie, Warren Buffet

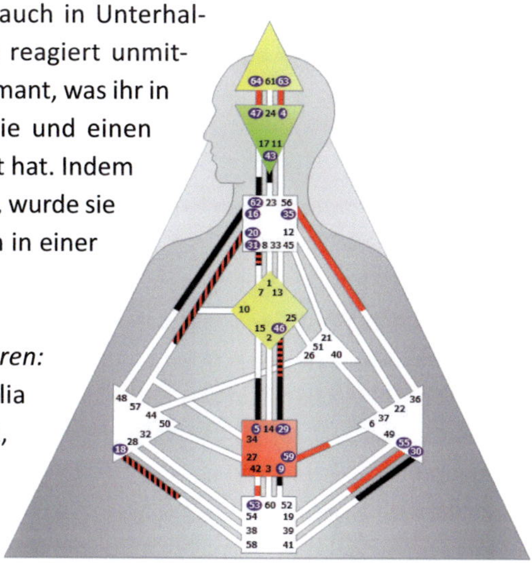

Alice Schwarzer

Aus dem Leben eines Generators

Generator (weiblich): Der Stoff unserer alten Couch-Garnitur war nach all den Jahren verschlissen, und das Sitzen gestaltete sich zunehmend als unbequem. Ich setzte alle Hebel in Bewegung, um eine Couch-Garnitur zu finden, die unseren Vorstellungen entsprach, nicht zu groß mit Ottomane, Sitzfläche ausreichend hoch, aber nicht zu tief und der Stoff in einer Farbe, die zu unseren blauen Vorhängen passte. Zu meinem Leidwesen hatte sich die Mode in der Zwischenzeit sehr gewandelt, so dass mein Unterfangen ziemliche Probleme aufwarf.

Stundenlang stöberte ich im Internet und suchte ein Möbelhaus nach dem anderen auf. Endlich schien die geeignete Couch-Garnitur in einem nahe gelegenen Möbelhaus gefunden: alles passte, bis auf die Stofffarbe. Es war das letzte Exemplar, ließ die Verkäuferin verlauten. Also griff ich nach Rücksprache mit meinem Mann zu und ignorierte meinen inneren Widerstand. So kümmerte ich mich auch gleich noch um die passenden Vorhänge, Couch-Kissen und Tischdecken. Am Ende schaute das Wohnzimmer ganz hübsch aus, nur etwas trist in der braun-beigen Farbgebung.

Als ich einige Wochen später in dasselbe Möbelhaus kam auf der Suche nach einer Kommode, sah ich meine Traum-Couch. Es war haargenau dieselbe, die wir gekauft hatten, nur mit einem blau gemusterten Stoff-Dekors, wunderbar passend zu unseren alten Vorhängen. Als ich näher kam, traute ich meinen Augen nicht: „Sonderangebot – 50% billiger!“ Nein, das konnte doch alles nicht wahr sein! Warum habe ich nicht gewartet?

Generator (männlich): Von Peru kommend musste ich in Miami das Flugzeug wechseln. Als ich am Air-France-Schalter stand, um für meinen Rückflug nach Deutschland einzuchecken, hieß es, der Flieger sei überbucht und es gäbe für mich keinen Platz mehr an Bord. Einigen anderen Mitreisenden erging es genauso. Ein Sprecher der Fluggesellschaft beruhigte uns: „Sie können auf unsere Kosten eine Nacht in einem Hotel in Miami verbringen!“ Das Angebot lockte mich in keinster Weise. Ich wollte auf schnellstem Wege nach Hause. Die Mehrzahl der Betroffenen nahm das Angebot an. Zusammen mit einem Paar harrte ich der Dinge. Wir fragten nach, ob es nicht doch noch eine Möglichkeit gäbe. Schließlich bekamen wir die Auskunft: „Gehen Sie doch zur Lufthansa. Vielleicht gibt es dort noch freie Plätze!“

Am Lufthansa-Schalter wurden wir sehr freundlich begrüßt. Hier hieß es dann: „Wir erwarten ein Flugzeug von den Bahamas, das jetzt schon viel Verspätung hat, so dass es in unserem Flugzeug nach Deutschland noch einige freie Plätze gibt. Aber warten Sie bitte noch!" Eine halbe Stunde später kam der Lufthansa-Mitarbeiter erneut auf uns zu: „Das verspätete Flugzeug von den Bahamas ist immer noch nicht da. Sie können einchecken in das Flugzeug nach Deutschland!" Der komfortabelste Flug meines bisherigen Lebens sollte nun folgen, denn ich bekam einen bequemen Business-Class-Platz. Ich wurde verwöhnt mit Getränken, Essen und Zeitschriften nach Herzenslust, bis ich es mir gemütlich machte in meinem Sessel und fast sechs Stunden fest schlief. Außerdem war es ein Direktflug bis München. Mit Air-France wäre ich bis Paris geflogen und hätte erst nach acht Stunden Aufenthalt den Heimflug nach München antreten können. Das Warten hatte sich wirklich gelohnt!

Der Manifestierende Generator

Man erkennt den Manifestierenden Generator daran, dass sein definiertes, also rot eingefärbtes Sakral-Zentrum wenigstens über einen Kanal ohne Unterbrechung an das Kehl-Zentrum angeschlossen ist. Ungefähr die Hälfte aller Generatoren sind Manifestierende Generatoren.

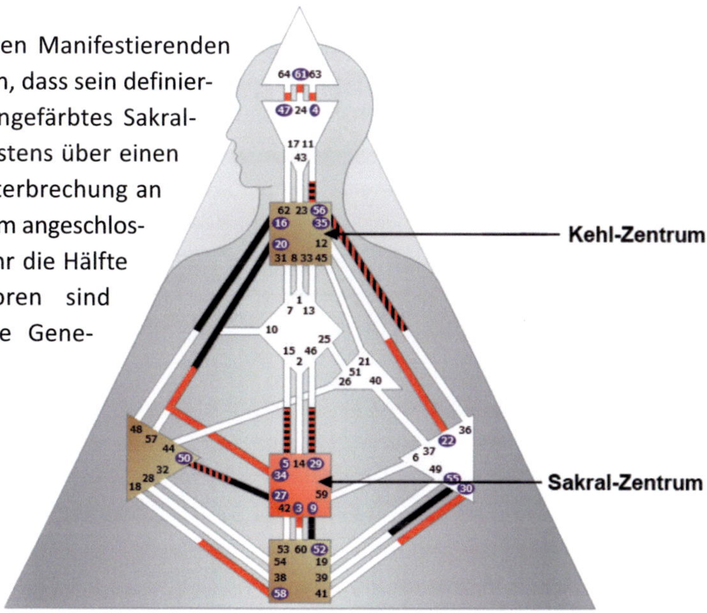

Manifestierender Generator

Für Sie als Manifestierender Generator gelten etwas andere Regeln als für den reinen Generator, weil Sie Ihre Bauchstimme direkt über das Kehl-Zentrum ausdrücken können. In Ihrem Fall kann also die Bauchstimme nicht nur Laute von sich geben, sie kann auch deutlich „Ja!“ und „Nein!“ sagen als Antwort auf eine Frage.

Wenn Sie, ohne vorher nachgedacht zu haben, das Ja aus Ihrem Munde vernehmen, dann bedeutet das, dass Ihre Kraft ausreichend zur Verfügung steht.

Kurz vor dem Handeln sollten Sie sich selbst noch einmal fragen: „Will ich das wirklich tun?“ Haben Sie sich zum Handeln entschlossen, nachdem eine Frage auf Sie zukam, können Sie eine Aufgabe mit Leichtigkeit allein ausführen. Sie haben direkt Zugang zu Ihren sakralen Worten; Sie können alles sagen, was unmittelbar aus Ihrem Körper kommt, aber nur wenn sie nicht darüber nachdenken, sondern auf Ihre Bauchstimme reagieren.

Es ist nicht leicht, den Typ des Manifestierenden Generators zu leben, gerade weil Sie von Ihrer Anlage her sofort reden und handeln können und deshalb häufig zu schnell aktiv werden, ohne achtsam dafür zu sein, ob dieses Handeln in dem Moment für Sie das Richtige ist. Wenn Sie etwas erledigen, passiert es leicht, dass Sie ein kleines und vielleicht sehr wichtiges Detail übersehen, weil Sie sehr schnell sein können. Hier hilft es, wenn Sie Listen machen, dass Sie nichts vergessen. Auch können Sie leicht stolpern, weil Sie es meist eilig haben und oft gelingt etwas nicht, weil Sie einen Tick zu schnell sind. Der klassische Manifestierende Generator pfeift und singt mitunter sehr gerne vor sich hin, auch das ist eine Art von Beschäftigt-Sein. Deswegen sind Sie auch schwer zu übersehen.

Sie als Manifestierender Generator wollen wahrscheinlich nicht hören, dass Sie warten sollen, weil in Ihnen so viel Tatkraft steckt. Das Geduld-haben-Müssen kann Sie zornig machen. Sie sind ein Mensch der Tat und mögen es überhaupt nicht, wenn immer nur geredet und nichts umgesetzt wird. Aber sobald Sie Dinge selbst in die Hand nehmen, kommen andere Leute auf Sie zu und stellen ihre Forderungen, und Sie verbrauchen Ihre wertvolle Kraft. So machen Sie sich schnell zum Super-Sklaven.

Den Manifestierenden Generator vergleiche ich gerne mit dem Biber, denn er repräsentiert dieses immerzu Beschäftigt-Sein des klassischen Manifestierenden Generators. Biber erscheinen immer quirlig, auch wenn sie schwimmen. Ein Biber kann durch Arbeit viel erreichen, genauso wie ein Manifestierender Generator, vorausgesetzt, es ist die richtige Arbeit für ihn. Der Biber ist bekannt für seine

Dammbauten und er vermag in einer Nacht einen bis zu fünfzig Zentimeter dicken Baum zu fällen. Wenn das keine Arbeitsleistung ist!

Doch auch für Sie gilt wie für den reinen Generator: Sie müssen auf eine Frage aus der Umwelt ansprechen, und wenn Sie handeln, ohne dass Ihr Sakral-Zentrum reagieren konnte, ernten Sie Frust und müssen am Ende erkennen, dass all Ihre Kraft erfolglos verpufft ist. Also lautet auch Ihre Strategie: Warten. Zieren Sie sich also ruhig etwas und warten Sie unbedingt ab, bis Sie ins Reagieren kommen. Dann können Sie mit Ihrer immensen Tatkraft Berge versetzen – und so werden Sie auch von Ihren Mitmenschen geschätzt und anerkannt, wie Sie es verdienen.

Oliver Kahn als Beispiel für einen manifestierenden Generator
Der ehemalige, langjährige deutsche Fußballnationaltorwart Oliver Kahn ist der klassische manifestierende Generator. Er kann unmittelbar aus dem Bauch heraus reagieren, wenn der Ball zu ihm kommt. So kann er seine Kraft direkt umsetzen. Oliver Kahn mag es, immer beschäftigt zu sein. So mischte er sich stets in das Spielgeschehen mit ein, auch verbal, womit er sich nicht immer Freunde machte. Oliver Kahn kann jederzeit reden und handeln, sollte es aber nur dann tun, wenn der Bauch sein „Ja" gegeben hat. Sonst vergeudet er seine wertvolle Energie und trifft auf jede Menge Widerstand im außen. Dieses unmittelbare Reagieren aus dem Bauch heraus macht ihn an der Seite von Katrin Müller-Hohenstein zu einem schlagfertigen und eloquenten und deswegen kompetenten und unterhaltsamen Fußball-Kommentator. Früher begeisterte er in seiner torhüterischen Fangsicherheit, und heute überzeugt er mit seiner verbalen Treffsicherheit. Je unmittelbarer er aus dem Bauch heraus ins Antworten kommt, umso authentischer ist er.

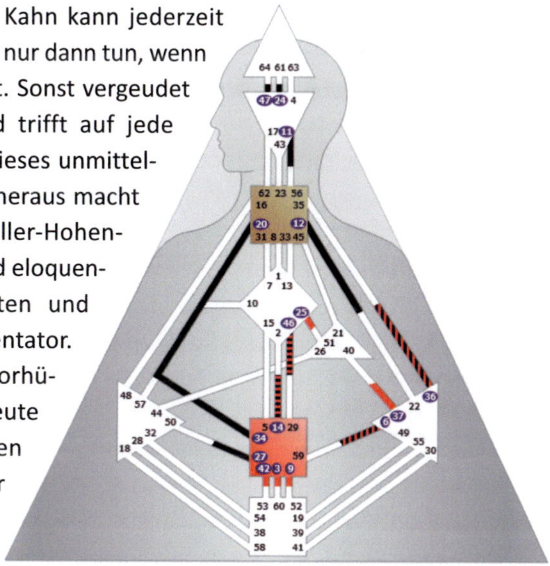

Oliver Kahn

Weitere Beispiele für Manifestierende Generatoren: Tom Hanks, Placido Domingo, Tina Turner, Xavier Naidoo, Steffie Graf, Beate Uhse, Harald Schmidt, Mutter Teresa, Bob Dylan, Mario Adorf, Naomi Campell, Stephen King

Aus dem Leben eines Manifestierenden Generators

Manifestierender Generator (männlich): Sobald ich sehe, dass die Glühbirne kaputt ist, ersetze ich sie so schnell wie möglich durch eine neue. Wenn ich keine mehr vorrätig habe, gehe ich ins Geschäft und kaufe eine. Für mich ist so etwas selbstverständlich, aber für viele Menschen nicht, wie ich immer wieder feststellen muss. Überall wird geredet und geredet, Pläne werden geschmiedet und wieder verworfen, und es geschieht nichts. Die wenigsten sehen das Offensichtliche, was jetzt in diesem Augenblick getan werden muss. Langeweile kenne ich nicht. Wer ein Haus und einen Garten hat, findet immer Arbeiten, die zu erledigen sind.

Selbst wenn ich auf Besuch bin, sehe ich Dinge, die der Reparatur bedürfen. Ich bin bekannt dafür und werde deshalb gerne eingeladen. Natürlich fühle ich mich dabei oft ausgenützt. Die Freundinnen meiner Frau wünschten sich oft, so einen Mann wie mich zu haben, aber nicht um meiner selbst willen, sondern wegen meiner Tatkraft. Ich weiß nicht, ob ich mich darüber freuen soll.

Manifestierender Generator (weiblich): Ich fragte den Trambahnschaffner: „Verkaufen Sie auch Tageskarten?" „Nein, da müssen Sie im Tabakladen gegenüber fragen!" Schnell stürzte ich hinaus. Es war Samstag und der Tabakladen hatte geschlossen. Ich rannte zurück zur Tram, die ja jeden Moment losfahren konnte.

„Haben Sie Kartenautomaten?" „Ja, hier hinten im Wagen!"

„Wo sind die Automaten? Draußen?" „Nein, hören Sie mir doch zu! Hier hinten im Wagen sind sie!" Der Trambahnschaffner sprach langsam und ruhig. Ich zog die Karte und die Tram setzte sich in Bewegung. Am nächsten U-Bahnhof stieg ich aus und wollte dort an einem der aufgestellten Automaten eine Tageskarte für fünf Euro ziehen. Drei Fünf-Euro-Scheine hielt ich bereit. Schnell schob ich den ersten an den Spalt. Der Automat zog ihn ein und spukte ihn gleich wieder aus. Ich nahm den zweiten Fünf-Euro-Schein, der Automat zog ihn ein und spukte ihn wieder aus. Ich nahm den dritten und dasselbe wiederholte sich.

„Das gibt es doch nicht! Das kann doch nicht sein!“ schimpfte ich. Eine ältere Frau stand neben mir: „Lassen Sie! Ich versuch’s mit meinem Schein!“ „Der Automat ist kaputt!“ polterte ich.

Die Frau nahm ihren Schein, legte ihn ganz ruhig und hoffnungsfroh an den Spalt. Es dauerte kurz und der Automat spukte den Fahrschein aus. „Das ist ganz unmöglich!“ maulte ich und schob schnell einen meiner Scheine an den Falz. Der Automat weigerte sich erneut, den Schein zu nehmen. „Sehen Sie, das war reiner Zufall bei ihrem Schein! Der Automat ist kaputt!“ Ich nahm den nächsten Schein und wieder und wieder geschah dasselbe. „Darf ich einmal?“ fragte die Frau.

„Ja, bitte gerne!“ Die Frau nahm den Geldschein, schob ihn ohne Hektik in den Automaten. Es dauerte ein bisschen, und der Fahrschein fiel heraus. „Bitte sehr!“ sagte sie mit einem Schmunzeln. „Komisch! Danke!“ raunzte ich und rannte die Rolltreppe hinunter zur U-Bahn.

Menschen mit offenem Sakral-Zentrum

Die nun folgenden T*ypen Manifestor, Projektor und Reflektor* erkennt man auf der Körpergrafik daran, dass sie das Sakral-Zentrum offen, also nicht definiert haben. Das bedeutet, sie haben keine ausdauernde Körperkraft aus sich selbst heraus. Sobald diese Typen mit anderen zusammen sind, dann ist es so, als wenn sie zum Beispiel an eine Steckdose angeschlossen sind. Plötzlich spüren sie eine Menge Energie in sich und vor lauter Tatendrang sind sie nicht mehr zu bremsen. Auf Dauer überanstrengt sie das sehr. Diesen Typen fällt es meist schwer, Dinge maßvoll zu betreiben.

Deswegen sollten sich diese Menschen immer wieder Zeiten des Rückzugs gönnen. Es ist ungesund für sie, wenn sie permanent mit anderen zusammen sind. Sie brauchen immer wieder das Alleinsein und den Rückzug von anderen.

Da sie über keine Ausdauerkraft verfügen, mangelt es den Grundtypen mit offenem Sakral-Zentrum häufig an Kontinuität, die sie aber über die Generatoren bekommen, mit denen sie zusammen sind. Deswegen ist auch das Thema Kindergroß-Ziehen für diese drei Typen nicht einfach zu leisten. Es wäre sinnvoll, schon im Vorfeld zu schauen und zu organisieren, wer einen bei dieser anstrengenden und kräftezehrenden Arbeit unterstützt.

Als Eltern haben diese drei Typen jedoch den Vorteil, dass sie ihre Kinder im Allgemeinen zu früher Selbständigkeit erziehen.

Reflektoren, Projektoren und Manifestoren wecken in anderen Menschen unterschiedlichste Erwartungshaltungen. Dieses Phänomen ist auf die spezielle Ausstrahlung dieser Typen zurückzuführen, die sie auf Grund Ihres offenen Sakral-Zentrums haben. Deswegen hinterlassen diese drei Typen zumeist einen positiven Eindruck, der ihnen mehr Möglichkeiten im Leben eröffnet als den Generatoren, die das Sakral-Zentrum definiert haben. Dazu erfahren Sie mehr in den Ausführungen zum offenen Sakral-Zentrum im Kapitel D.

Da Rückzug und Erholung für die Grundtypen mit offenem Sakral-Zentrum von grundlegender Bedeutung sind, ist es für sie besonders wichtig, dass sie an Ihrem Schlafplatz nicht in der Aura anderer sind. Dabei ist darauf zu achten: Die Aura geht auch durch Wände! Manifestoren, Projektoren und Reflektoren sollten also ihr Bett in ausreichendem Abstand von anderen platzieren, sonst können Sie sich im Schlaf nicht erholen. Wenn Ihr Sakral-Zentrum nicht definiert ist, sollten Sie also darauf achten, allein zu schlafen.

Zudem sollten Sie nicht erst dann zu Bett gehen, wenn Sie müde sind vom Arbeiten. Soweit sollte es bei Ihnen erst gar nicht kommen. Auch ist es eher so, dass Sie langsam in den Schlaf hineingleiten, also es ist gut für Sie, wenn Sie nach dem Hinlegen noch etwas lesen oder fernsehen, bevor Sie die Augen schließen, um zu schlafen. Oft brauchen Sie gar nicht so sehr viel Schlaf. Sie können sich unglaublich gut erholen, wenn Sie sich einfach hinlegen, auch tagsüber. Das ist für Sie eine enorme Kraftquelle.

Der Manifestor

Einen Manifestor erkennt man in der Körpergrafik daran, dass das Sakral-Zentrum offen ist und dass ein anderer Motor mit dem Kehl-Zentrum verbunden ist. Weitere Motoren können sein: Herz-Zentrum, Solar Plexus und Wurzel-Zentrum. Zum Grundtyp Manifestor zählen statistisch circa 9% aller Menschen.

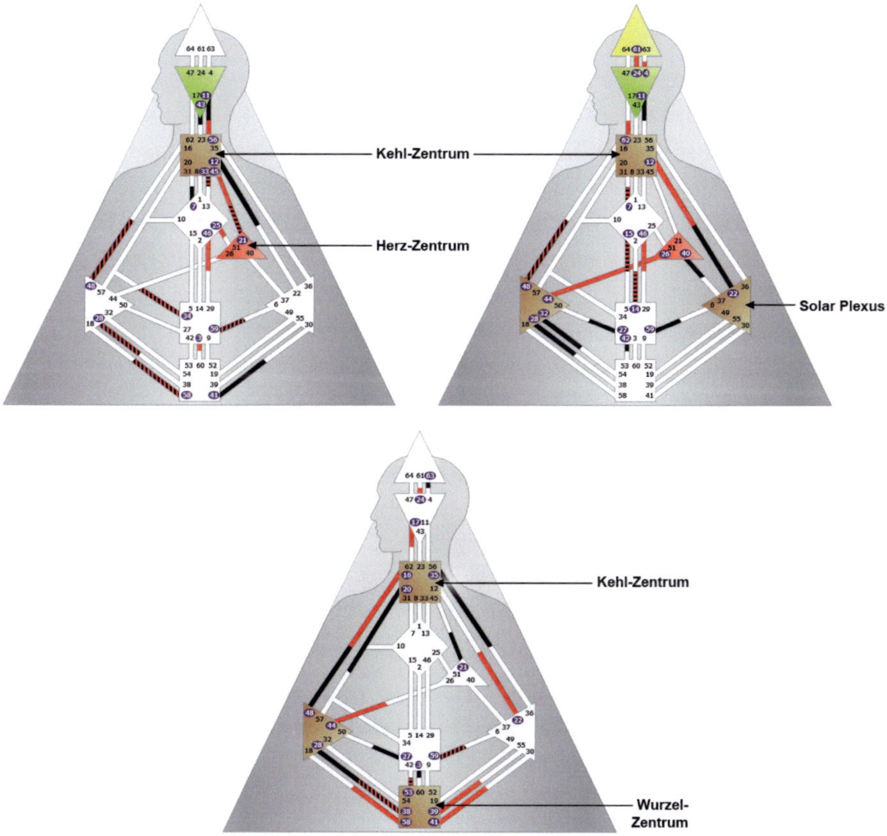

Manifestoren sind reine Tatmenschen, Initiatoren und Macher und sind dazu geschaffen, zu handeln, ohne zu warten. Sie können im Vergleich zu den anderen Typen augenblicklich am meisten Kraft mobilisieren, vorausgesetzt sie sind initiativ. Sie lassen sich nicht kontrollieren und dürfen nicht kontrolliert werden, sonst verlieren sie Ihre Kraft. Sie sind nicht dazu da, um sich einschränken zu lassen. Deswegen werden sie von anderen häufig für unberechenbar und uneinschätzbar gehalten und treffen auf großen Widerstand bei Ihren Mitmenschen. Bekommen sie solchen Widerstand im außen, werden sie zornig.

Hermann Hesse, der ebenfalls Manifestor war, soll sinngemäß gesagt haben, dass erst seine letzte Ehe glücklich war, denn diese Frau verstand es, ihm seinen Freiraum zu lassen.

Wenn ein Manifestor von sich aus eine Aktion startet, ist er in seiner Kraftanstrengung herausragend, allerdings muss das Unternehmen zeitlich limitiert sein, sprich: Ein Ende sollte absehbar sein. Anschließend kann er sich dann wieder die Zeit zum Relaxen nehmen.

Das Erstaunliche dabei ist, dass man ihm diese enorme Kraft in den wenigsten Fällen ansieht, höchstens an seinem forschen Gang. Der Manifestor verfügt über eine enorme Startenergie, aber ihm fehlt die Ausdauerkraft, da sein Sakral-Zentrum offen ist. Er ist zum Initiieren auf der Welt und nicht zum schwer Arbeiten und sollte lernen, Arbeiten, die Ausdauer erfordern, an andere zu delegieren. Manifestoren sind so angelegt, dass sie mit wenig Arbeitseinsatz mehr Geld verdienen als andere. Sie können das erreichen, weil sie darin begabt sind, andere zu beeinflussen. Sie interessieren sich weniger dafür, was sie selbst für ein Mensch sind, als dafür, wie sie auf andere in ihrem Sinne einwirken beziehungsweise wie sie andere aktivieren können.

Weil Manifestoren keine anderen Menschen brauchen, um initiativ zu werden, da sie jederzeit agieren und reden können, unabhängig von anderen, verpassen sie es häufig, sich anderen gegenüber achtsam zu verhalten. Sie gehören zu den Menschen, die Bedingungen und Forderungen stellen. Dabei ist ihnen selten bewusst, wie das Verhalten auf ihre Umwelt wirkt. Der Schlüssel für sie ist es, zu lernen, andere zu informieren.

Ich erinnere mich an einen Manifestor, der immer wieder einmal aus der Gruppe weg ging, ohne den anderen zu sagen warum. Viele reagierten darauf verärgert und nahmen das Weggehen persönlich nach dem Motto: „Hab ich was Falsches gesagt? Ist der jetzt beleidigt?“ Schlussendlich stellte sich heraus, dass der Manifestor lediglich zur Toilette gegangen war. Mit einem kurzen Satz der Aufklärung wäre es erst gar nicht zu diesem Missverständnis gekommen.

Manifestoren haben in jedem Lebensalter den starken Wunsch nach einem freien und unabhängigen Tätigkeitsbereich; dieser Wunsch ist aus leidvoller Erfahrung heraus verbunden mit der Sorge: Wird man mich lassen? Das kann dazu führen, dass Manifestoren einfach drauf los brettern, ohne Rücksicht auf Verluste und damit andere gnadenlos überfahren. Mit dieser Verhaltensweise machen sie sich natürlich keine Freunde.

Der Manifestor hat eine geschlossene, abweisende Aura. Hat jemand beim Manifestor Missfallen erregt, dann trifft der Ausspruch zu: „Wenn Blicke töten könnten!" Manifestoren erreichen wir nur, wenn es ihnen richtig schlecht geht, denn sie vermeiden es, Schwäche zu zeigen, weil das nicht zu ihrem Selbstbild passt.

Der Manifestor entspricht dem archaischen Männerbild als einem, der sich durchsetzt und die Welt erobert, der aber auch die Schwächeren beschützt, also eine Art Robin Hood.

Manifestor-Frauen, von denen die Gesellschaft ganz andere Eigenschaften erwartet, wissen oft nicht, wie kraftvoll sie sind.

Manifestor-Kinder haben es häufig schwerer als alle anderen. Sie leben ihr Wesen ungezügelt aus und handeln eigenständig. Doch ihr Drang, sich frei zu bewegen und selbständig zu entscheiden, läuft den Erwartungen der Eltern völlig zuwider, und vielfach werden sie strenger bestraft als ihre Geschwister. Auf Grund dieser einschränkenden Erziehung in der Kindheit wissen viele Manifestoren nicht, was für kraftvolle Menschen sie sind. Das Manifestor-Kind kann nur an der langen Leine geführt werden, denn Freiheit bedeutet ihm alles.

Dennoch sind die Eltern angehalten, konsequent zu sein in ihrer Erziehung. Aber sie dürfen es nicht als persönliches Versagen betrachten, wenn ihr Manifestor-Kind immer wieder die Regeln bricht. Sobald das Manifestor-Kind einen eigenen Bereich hat, in dem es in größtmöglicher Unabhängigkeit mit viel Freude und Hingabe wirken kann, ist es im Frieden mit sich und der Welt. Die Manifestor-Kinder sollten gute Umgangsformen lernen. Damit machen sie es ihren Eltern leichter, aber auch sich selbst, besonders für ihr späteres Leben. Ein Trost für alle Eltern, die ein Manifestor-Kind haben: Ich kenne eine ganze Reihe von Manifestoren, die als Kinder und Jugendliche sehr schwierig waren, aber schlussendlich zu wunderbaren, kraftvollen und erfolgreichen Erwachsenen herangewachsen sind, und zwar von dem Moment an, als sie ihr Leben selbst in die Hand nehmen konnten.

Gerade in der Pubertät kann es zu schwierigen Zerreißproben kommen. Ein Manifestor-Jugendlicher mag ernst genommen und auf Augenhöhe behandelt werden, indem er Verantwortung übertragen bekommt.

Bei jugendlichen Manifestoren habe ich oft beobachtet, dass sie Angst vor ihrer eigenen unberechenbaren Kraft haben. Hier wäre es wichtig, diese überschießende Energie in sportliche Aktivitäten zu kanalisieren. Für Mannschaftssportarten ist das Manifestor-Kind im Allgemeinen nicht allzu sehr zu begeistern, aber Radfahren oder Bergsteigen, also Sportarten, die man alleine betreiben kann, werden durchaus gerne angenommen.

Was den Manifestor sportlich reizt, sind immerzu neue Situationen und Herausforderungen, wie zum Beispiel am Berg oder auf dem Fußballplatz: auch Pélé ist Manifestor.

Stundenlanges, eintöniges Training, wie es in vielen Sportarten an der Tagesordnung ist, kommt dem Manifestor nicht entgegen. Deswegen finden wir heute im Hochleistungssport nur noch wenige Manifestoren.

Manifestoren hassen Routinearbeit. Ein gutes Beispiel dafür ist Reinhold Messner. Allein er entscheidet, wann, wie, wo und wie lange er eine Expedition macht. Hier kann er die Freiheit leben, die ein Manifestor so sehr braucht. In den Zeiten dazwischen kann er seine Erfahrungen in Form von Büchern verarbeiten und diese dann vermarkten. Ich denke, dass Manifestoren in zeitlich begrenzten Extremsituationen zäher sind als Generatoren. Aber sobald Ausdauer gefragt ist, verlieren sie die Geduld. Schnell mal auf den Berg, ja gerne, aber das Treppenhaus putzen, nein danke!

Als Tier habe ich beim Manifestor zunächst an den Löwen gedacht, den König der Tiere und das Symbol der Macht und des Siegs. Löwen sind vom Aussterben bedroht, die Manifestoren nicht, aber sie verlieren zunehmend an Bedeutung. Je mehr die Menschheit eigenverantwortlich handelt und immer weniger einen autoritären Anführer im außen braucht, desto weniger ist sie auf die Manifestoren angewiesen, die ohne Rücksicht auf andere ihre eigenen Ziele durchzusetzen in der Lage sind. Katzen sind uns vertrauter und deshalb können wir hier vielleicht leichter Parallelen zum Manifestor entdecken. Wie heißt es im Volksmund so treffend: „Hunde haben Herrchen, Katzen haben Personal!“ Die Katze und auch der Manifestor verstehen es, Ihre Menschen mit sozialen Spielchen um den Finger zu wickeln, damit sie genau das tun, was sie/er möchte.

Wenn die Katze nicht will, dann will sie nicht, selbst wenn Sie mit einschmeichelnder Stimme nach ihr rufen. Sie kommt nur angeschlichen, wann sie Lust dazu hat. Genauso verhält es sich mit dem Manifestor. Er tritt nur dann in Aktion und initiiert, wenn er selbst es will, ohne sich darum zu kümmern, was ein anderer vielleicht möchte. Eine Katze lässt sich nichts befehlen, auch das ist wieder eine Parallele zum Manifestor.

Die anmutige Katze weiß genau, was sie tun muss, um mehr Futter oder ihr Wunschfutter zu bekommen. Dann wird liebevoll angeschmiegt, geschnurrt oder jammervoll miaut.

Manifestoren können sich ebenfalls gut einschmeicheln bei anderen, aber sie können auch anders, wenn ihnen etwas gegen den Strich läuft. Dann wird gefaucht und gekratzt bei der Katze, und beim Manifestor gewütet und geschrien. Diese andere Seite des Manifestors lernen aber meist nur die nahestehenden Menschen kennen. Wenn Sie das Buch von Elke Heidenreich über den Kater „Nero Corleone"[6] kennen, dann wissen Sie, was ein Manifestor ist.

Welche Strategie hilft Ihnen, den Widerstand im außen zu reduzieren? Es gehört zu Ihrer Wesensart, dass Sie immer gut für Überraschungen sind. Mit Ihnen wird es nie langweilig. Menschen an Ihrer Seite, die ein gut organisiertes und strukturiertes Leben haben wollen, tun sich damit schwer. Ihr Gegenüber braucht Standhaftigkeit, aber auch Flexibilität, was zeitweise sehr anstrengend sein kann.

Wenn Sie etwas zu entscheiden haben, wäre es gut, wenn Sie sich eine Liste von den Menschen machen, die davon betroffen sind, und diese dann informieren, sonst entstehen unnötige Konflikte und Missverständnisse, weil sich die Umgebung übergangen fühlt.

Also: Sie sollten es sich zur Gewohnheit machen, die Menschen in Kenntnis zu setzen, die die Folgen Ihrer Handlungen mittragen müssen, wobei Ihnen das nicht leicht fallen dürfte.

Dabei können Sie die überraschende und zugleich erfreuliche Erfahrung machen, dass Sie sogar von diesen Menschen Unterstützung erhalten. Sie können als Manifestor Ihr eigenes Ding machen, aber mit klarer Ansage, dann werden Sie mit dem Frieden belohnt, den Sie sich so sehr wünschen. So nimmt Ihr Zorn ab und Ihr Leben wird spürbar einfacher.

Karl-Heinz Böhm als Beispiel für einen Manifestor

Der österreichische Schauspieler und Gründer der Organisation „Menschen für Menschen“ Karl-Heinz Böhm wurde durch seine Rolle als Kaiser Franz-Josef an der Seite von Romy Schneider in der Sissy-Trilogie bekannt. Insgesamt wirkte er in 45 Filmen mit. Seit mehr als dreißig Jahren engagiert er sich für notleidende Menschen in Äthiopien im Rahmen seiner Hilfsorganisation.

1981 fing Böhm an, Geld für Projekte in Äthiopien zu sammeln. In seiner manifestierenden Wesensart ließ er sich durch nichts beirren und setzte sich stets radikal und kompromisslos für die Menschen in Afrika ein. Als Manifestor kann er hier seine Chefqualitäten leben, auch weil er finanziell und materiell unabhängig ist. Der Erfolg gibt ihm recht. Die Arbeit von Böhm ist in Äthiopien zum Inbegriff für wirksame Hilfe geworden.

Mehrere Monate im Jahr verbringt Böhm in Äthiopien, besucht die einzelnen Projekte und hält Kontakt zu den Mitarbeitern vor Ort, mit denen er die Verteilung der Gelder bespricht und den Ausbau der verschiedenen Maßnahmen kontrolliert. In Europa ist er auf Vortragsreisen unterwegs.

Im Schauspielberuf könnte Böhm nicht im selben Maße aktiv sein und initiieren, was seine große Stärke als Manifestor ist. Böhm setzt seine Tatkraft dafür ein, indem er tut, was er will, und zwar zum Wohle der Menschen in Äthiopien.

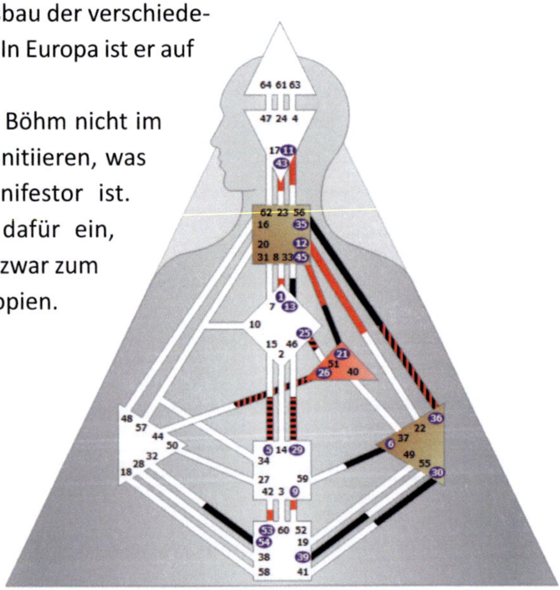

Karl-Heinz Böhm

Weitere Beispiele für Manifestoren: Ra Uru Hu, Rafael Nadal, Horst Seehofer, Frida Kahlo, Bruce Springsteen, Wladimir Putin, Carl Orff, Adele, Aldous Huxley, Papst Franziskus, Victoria von Schweden, Sebastian Vettel

Aus dem Leben von Manifestoren

Manifestor (weiblich): Mein späterer Mann und ich verbrachten ein Wochenende am See, um eine Jugendgruppe im Segeln zu unterrichten. Am Samstag-Abend, als wir alle im Gruppenraum zusammen saßen, klopfte es an der Tür. Zwei Polizeibeamte standen vor uns. Sie warnten uns eindringlich: „Eine gefährliche Rockerbande treibt in der Gegend ihr Unwesen. Bleibt im Haus und sperrt die Tür ab, damit Ihr und die Jugendlichen in Sicherheit seid!" Wir nahmen die Warnung nicht allzu ernst und diskutierten darüber, dass die Bande sich wohl durch eine abgesperrte Tür nicht aufhalten lassen würde. Kurz später klopfte es wieder. Die Tür wurde aufgerissen, und die Rocker standen vor uns in ihrer schwarzen Lederkluft. Der Anführer wischte mit einer Armbewegung die Getränke vom Tisch. Mein Freund erschrak zu Tode und verzog sich in die hinterste Ecke des Raumes. Ich blieb stehen und hielt dem Anführer eine Standpauke: „Haut bloß ab und lasst uns in Ruhe!" Ich wurde immer lauter und böser und schaute dem Burschen voller Zorn in die Augen.

„Ja, ja, ist schon gut! Kommt, lasst uns gehen!" Und schon schloss sich die Tür, und die Rocker waren weg. Mein Freund kam langsam aus der Ecke heraus und war genauso verwundert wie ich, dass ich die Rocker in die Flucht geschlagen hatte. Bis dahin wusste ich nicht, wie eindrucksvoll ich auftreten kann.

Manifestor (männlich): Soweit ich zurück denken kann, wurde immer nur ich von meinen Eltern geschimpft, mein Bruder hingegen nie. Meinen Eltern konnte ich nichts recht machen. Ab und zu rutschte ihnen sogar die Hand aus. Dann war ich vielleicht wütend. Ich habe Türen geknallt und bin aus der Wohnung gerannt und habe meine Eltern verwünscht. In solchen Situationen gelobte ich mir: „Wenn ich älter bin, schlage ich zurück, aber wie!" Dazu kam es gottlob nie.

Ich kann mich nicht erinnern, dass ich etwas Böses getan hätte. Permanent fühlte ich mich ungerecht behandelt, nicht nur von den Eltern, auch von den Lehrern. Wie sehr sehnte ich den Tag herbei, an dem ich groß sein und Elternhaus und Schule verlassen würde. Der Auszug aus dem Elternhaus war der schönste Tag in meinem Leben. Endlich tun und lassen können, was ich will! Endlich Freiheit! Endlich keine Einmischung mehr!

Der Projektor

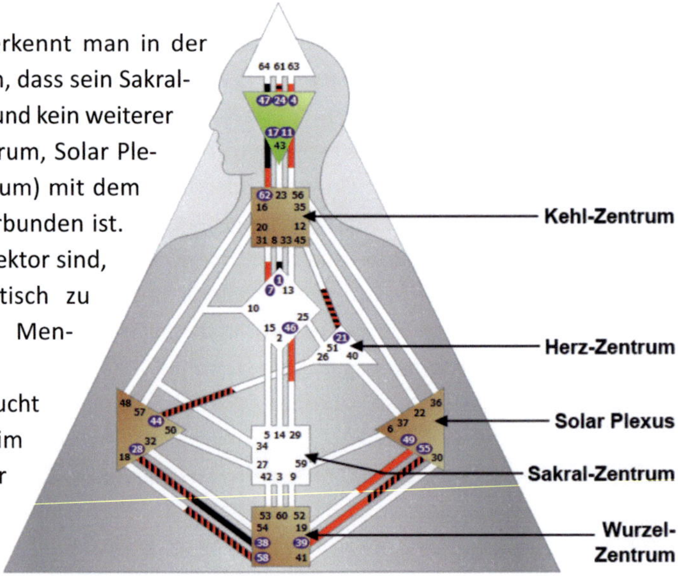

Projektor

Einen Projektor erkennt man in der Körpergrafik daran, dass sein Sakral-Zentrum offen ist und kein weiterer Motor (Herz-Zentrum, Solar Plexus, Wurzel-Zentrum) mit dem Kehl- Zentrum verbunden ist. Wenn Sie ein Projektor sind, zählen Sie statistisch zu circa 20% aller Menschen.

Der Projektor sucht immer das Süße im Leben, doch was er findet, ist bitter. Projektoren verhalten sich so, als seien sie Energie-Typen, sie verausgaben sich völlig und leiden dann an Erschöpfung, denn sie sind genetisch nicht darauf angelegt, ein Energie-Typ zu sein. Die Aura des Projektors ist fokussiert. Sie kann andere penetrieren.

Sie haben als Projektor das große Geschenk, alles zu studieren und zu verstehen. Sie wollen wissen, was die anderen tun und nicht tun. Der Projektor lernt langsam, aber gründlich. Die anderen zu erkennen, ist seine Erfüllung, und für den Projektor ist es deshalb besonders bedeutsam, sich intellektuell auf diese Aufgabe einzulassen. Ohne Projektoren könnten wir nichts umsetzen. Der Projektor erkennt seine Einzigartigkeit viel später als die anderen Typen.

Sie müssen den Schlüssel, wie andere funktionieren, erkennen, denn Sie leben energetisch von Ihrer Umgebung. Es geht darum, was Sie von anderen aufnehmen.
Sie als Projektor durchdringen das Leben um sich herum intellektuell. Keiner kann andere besser lesen als Sie. Sie sind nicht zum hart Arbeiten auf der Welt, sondern zum Leben. Sie brauchen ein System. So finden Sie Ihr Leben. Wenn Sie die Muster der anderen erkennen, lernen Sie sich selbst kennen. Bildung ist für den Projektor das A und O. Dadurch wird ein tiefer spiritueller Level erreicht. Wenn Sie ein System haben, an dem Sie sich orientieren können, gibt Ihnen das Sicherheit.

Sie sind offen für die anderen, weil Sie die Energie der anderen brauchen. Sie sind auf die Energie der anderen nämlich sehr angewiesen. Deswegen laden Sie andere Menschen ein, wobei die Energie-Typen einen grundlegenden Widerstand gegenüber Projektoren haben, weil sie sich nämlich von den Projektoren kontrolliert fühlen. Sie haben als Projektor die große Gabe, Energie-Typen anzuleiten und zu lenken, weil Sie erkennen, wer was zu Wege bringen kann. Hier finden wir die großen Organisatoren und Koordinatoren.

Als Projektor müssen Sie darauf warten, von jenen Kräften bemerkt zu werden, die willig sind, ihre Energie Ihrer Leitung anzuvertrauen. Sonst passt es nicht für Sie, weil Sie nicht ausreichend Anerkennung bekommen und dann verbittert sind. In dem Moment, in dem Sie von einem anderen Menschen anerkannt werden, haben Sie Zugang zur Energie dieses Menschen. Ihre Lebensstrategie als Projektor heißt: Warten auf die Einladung im Leben, Warten, bis Sie die korrekte Anerkennung bekommen. Generell bekommen Sie mehr Anerkennung als die anderen Typen. Wenn Sie die richtige Anerkennung bekommen, erhalten Sie saubere Energie. Der einzige Bereich, wo Sie die Anerkennung erhalten, die Sie akzeptieren können, sind Ihre festgelegten Anlagen, also die definierten Kanäle in Ihrer Körpergrafik.

Der Projektor kann Initiative ergreifen. Das ist in Ordnung, außer wenn es um große Lebensentscheidungen geht. Dann heißt es: Warten auf die Einladung zur Liebe, zum Beruf, zur Karriere, zum Wohnort, zur Ehe, ... Dabei kann es sein, dass der Projektor jahrelang auf seine große Einladung warten muss. Für den Projektor geht es nie darum, etwas rasch zu entscheiden.

Sobald Sie korrekt in eine Sache hineingehen und sich Zeit lassen, ist der Lohn dafür enorm hoch.

Wenn Projektoren wirklich sie selbst sind, dann stehen sie an der Spitze der materiellen Hierarchie. Sie wissen, wie man Energie aus Energie gewinnt. Sie sind hier, um Energie zu nützen, und in einer korrekten Umgebung ist das für alle Beteiligten von Vorteil.

Leistungssportler sind in den seltensten Fällen Projektoren, weil der Projektor nicht dazu angelegt ist, körperliche Ausdauer-Leistungen zu erbringen. Wenn er trotzdem dauernd herumrennt, dann nimmt er die Energie seiner Umgebung auf, setzt diese in Bewegung um und ist bald sehr ausgepowert.

Weder Human Design noch ich schreiben Ihnen vor, was Sie zu tun oder zu lassen haben als Projektor. Alles, was Ihnen einladend erscheint, ist richtig für Sie, und das können nur Sie selbst beurteilen. Handelt es sich jedoch um größere Entscheidungen, sollten Sie in jedem Fall abwarten, denn nur allzu schnell ist eine falsche Entscheidung getroffen, die Sie dann sehr schnell bereuen und möglicherweise nicht mehr rückgängig machen können.

Wenn Sie eine sportliche Betätigung einladend finden, warum nicht? Aber probieren Sie vielleicht einmal Folgendes aus, indem Sie in sich hineinspüren: Wie geht es Ihnen energetisch, also kräftemäßig, wenn Sie alleine Sport treiben, und wie geht es Ihnen, wenn Sie mit anderen Sport treiben? Alleine haben Sie als Projektor wenig bis gar keine Kraft, aber das sind SIE.

Die Ausdauerkraft von der Gruppe, die Sie enorm beflügeln kann, ist nur „geliehen" und so lange da, wie die anderen bei Ihnen sind. Sobald Sie wieder alleine sind, sind Sie fix und fertig, wenn Sie vorher übertrieben haben mit Kraftverausgaben. Vielleicht sind das Ihre aktiven und nichtaktiven Phasen: In der Aura anderer aktiv, alleine nicht aktiv. Sie brauchen in jedem Fall immer Pausen, das ist wichtig.

Warum passiert es immer wieder Projektoren, dass sie als Sporttalente entdeckt werden? Jedes offene Zentrum ist enorm lernfähig, dazu mehr in Kapitel D: Offenes Sakral-Zentrum.

Im Sakral-Zentrum geht es um den Ausdruck der Körperkraft. Da beim Projektor das Sakral-Zentrum offen ist, wird hier über Konditionierung und Prägung von außen gelernt. Wächst nun ein Projektor in einem bewegungsfreundlichen Umfeld auf, ist es das Natürlichste, dass er die Bewegungsmuster übernimmt und weil offen und nicht festgelegt, verfeinert und variiert.

Dadurch fällt der Projektor nicht selten im Schulsport auf und wird gefördert. Wenn dann noch entsprechende Planeten-Transite über längere Zeit am Himmel stehen, die dem Projektor das Sakral-Zentrum definieren, fällt lange Zeit nicht auf, dass er ein Kraftproblem hat.

Geht der Planeten-Transit weiter auf seiner Bahn, folgen Burnout und/oder Verletzungen, die den ambitionierten Sportler jäh ausbremsen. Beispiele dafür sind der einstige Weltklasseskispringer Sven Hannawald aus Deutschland und die einstige Weltklassetennisspielerin Martina Hingis aus der Schweiz.

Die große Gabe für Sie als Projektor besteht darin, zu erkennen und zu sehen, wer was tun kann und wer nicht.

Die Ironie ist dabei, dass Sie bei anderen die Probleme sehen, auch merken, wenn der andere beispielsweise krank ist. Aber Sie haben Schwierigkeiten, Ihre eigenen Probleme zu erkennen und auch zu merken, wenn Sie krank sind.

Die Nicht-Projektoren erleben die Projektoren oft als die großen Besserwisser, die unaufgefordert verbal oder konkret loslegen. Zum Beispiel, indem der Projektor sagt: „ Ich weiß einen besseren Weg!“ oder „Mein Vorschlag wäre ... !“ oder der Projektor schreitet augenblicklich ungefragt zur Tat. Das mag kein Mensch, weder Partner noch Freundin, weder Chefin noch Kollege. Hier sollten Sie sich als Projektor angewöhnen zu fragen, wenn Sie eine Idee oder einen Vorschlag haben. Zum Beispiel:. „Darf ich dir meine Idee erzählen?“ oder „Darf ich Ihnen einen Vorschlag unterbreiten?“ Bekommen Sie ein Nein, dann heißt das Nein, das Sie zu akzeptieren haben. Legen Sie trotzdem los, werden Sie nicht ernst genommen beziehungsweise erfahren Ablehnung, wobei Sie doch so sehr die Anerkennung brauchen. Mit dieser Verhaltensweise entwickeln Sie zunehmend Groll und Verbitterung.

Problematisch ist die Zurückhaltung für Sie als Projektor auch deshalb, weil Sie eine ausgesprochen gute Fremdbeobachtung haben und Menschen leicht durchschauen und einschätzen können, und in einer solchen Situation schweigen und warten, bis der andere auf Sie zukommt; keine einfache Übung für einen Projektor. Sie als Projektor erscheinen in Ihrer Art, dass Sie andere beurteilen können, wenig glaubwürdig, weil Sie sich selbst ausgesprochen schlecht kennen und einschätzen können. Den Bibelspruch:„Was siehst du den Splitter im Auge deines Nächsten, aber den Balken in deinem Auge nimmst du nicht wahr!“ haben Sie bestimmt schon oft hören müssen. Lassen Sie sich nicht entmutigen: Der Weg zu sich selbst führt bei Ihnen immer über die anderen, indem Sie jedoch die anderen nicht bevormunden. Im Vergleich zu den Generatoren gelingt es Ihnen als Projektor relativ mühelos, sich abzugrenzen gegenüber anderen. Nach außen wirken Sie und sind Sie nehmend und offen, aber nach innen haben Sie eine Tür, die Sie nach Bedarf öffnen oder schließen können. Eine Anlage, um die Sie mancher Generator beneiden mag.

Die Projektoren vergleiche ich gerne mit Adlern und Falken, weil sie stark beobachtend sind. Der Adler ist der König der Lüfte, der Projektor ist der Anführer in der Zukunft. Die Falken tragen unter ihrem Oberschnabel den sogenannten Falkenzahn, der den Biss in den Kopf oder Nacken des Beutetiers unterstützt, vergleichbar mit der Aura des Projektors, die selektiv offen ist und punktuell eindringt auf der Suche nach Energie. Beobachten Sie Projektoren, wenn sie einen Raum mit Menschen betreten. Niemand bewegt seine Augen beziehungsweise seinen Kopf so schnell wie ein Projektor. Der Blick ist beobachtend und hinspürend: „Wo ist die Energie, die ich brauche?“ Übrigens: ein Falke hat fünfzehn Halswirbel, die es ihm ermöglichen, den Kopf um 180° zu drehen. Damit erreicht er ein Blickfeld von circa 220°, ohne dass er seinen Körper in Bewegung setzen muss. Davon mag mancher Projektor träumen.

Wie ist der korrekte Umgang mit einem Projektor? Er will eingeladen werden. Es können auch kleine Einladungen sein wie zum Beispiel zu einem Spaziergang oder zum Kartenspiel. Ein Projektor-Kind kann beispielsweise zum Zimmer Aufräumen eingeladen werden. Das Wort Einladung klingt immer gut in den Ohren eines Projektors. Wenn Eltern ihr Projektor-Kind für etwas Bestimmtes interessieren möchten, müssen sie es dazu einladen. Korrekt wäre es auch, dem Projektor-Kind Aufmerksamkeit zu schenken und in seinen Anlagen anzuerkennen und nicht für Eigenschaften zu loben, die es von außen übernommen hat und in Wirklichkeit gar nicht besitzt. Ein Projektor-Kind sollte nicht in seinen sportlichen Ambitionen und in seinem unermüdlichen Fleiß bestärkt werden, da es diese Verhaltensweisen von seinem wahren Wesen wegführen.

Auf die Einladung warten, heißt für Sie als Projektor nicht, anzuhalten. Während dieses Wartens wird weiter gelebt und gehandelt. Das Leben geht weiter. Wir können es gar nicht verhindern, dass das Programm uns durchs Leben treibt. Warten heißt hier eben nicht Stillstand. Aufgrund Ihrer großen Offenheit sollten Sie sehr pingelig sein, was Einladungen angeht, und nicht die erstbeste Einladung annehmen. Sie sollten sich mit verschiedenen Menschen darüber austauschen und dann beobachten, wie es Ihnen mit der Einladung geht. Zeit ist Ihr bester Gefährte. Sie sollten etwas Wichtiges nie schnell entscheiden.

Ist es dem anderen ernst und wichtig, wird er Sie wieder fragen. Erbeten Sie sich Bedenkzeit. Wenn Sie mit der Zeit den Eindruck haben, dass die Einladung für Sie richtig ist, dann können Sie zustimmen. Hören Sie auf, immerzu andere einzuladen. Projektoren machen das gerne. Dahinter steckt der verborgene Wunsch, selbst eingeladen zu werden. Anerkennung und Erfolg kommen in Ihr Leben, wenn Sie auf die richtigen Einladungen warten. Dann fangen Sie an, ein Leben zu führen, das Ihnen als Projektor zusteht.

Senta Berger als Beispiel für einen Projektor

Seit über vierzig Jahren gehört Senta Berger zu den beliebtesten, begabtesten und attraktivsten deutschsprachigen Schauspielerinnen. Die Einladung in eine künstlerische Berufslaufbahn erfolgte durch ihren Vater, der Musiker war. Bereits im zarten Alter von vier Jahren trat sie mit ihm zusammen auf. Trotz Rauswurf aus der Schauspielschule, weil sie unerlaubterweise eine Filmrolle angenommen hatte, avancierte sie bald zu einer gefragten Theater- und Filmschauspielerin.

1962 folgte sie der Einladung nach Hollywood und drehte mit Stars wie Frank Sinatra, John Wayne und Yul Brynner. Bald darauf lernte sie Michael Verhoeven kennen und ließ sich von ihm in die Ehe einladen. Senta Berger ist immer noch eine populäre Schauspielerin, da sie die unterschiedlichsten Projektionen im außen bedient. Sie ist die begehrenswerte, erotisch an-

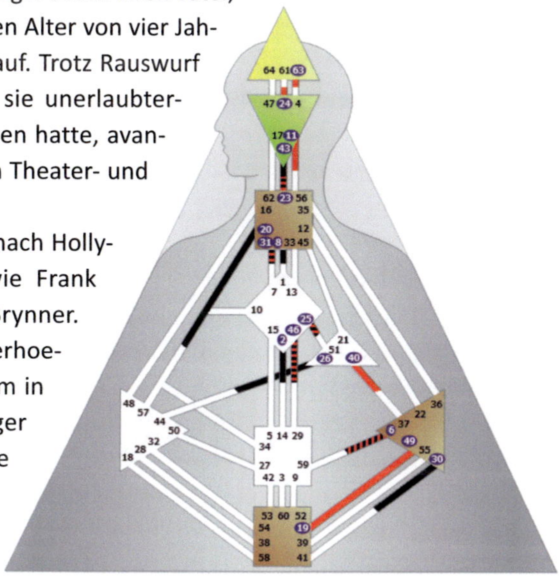

Senta Berger

ziehende Frau auf den ersten Blick. Aber sie hat als Projektor weitaus mehr zu bieten: Bereits ein Jahr vor ihrer Eheschließung gründete sie mit ihrem späteren Ehemann ihre eigene Filmproduktionsfirma. Hier hat sie die organisatorischen Fäden in der Hand und stand 1970 erstmals in dem von ihrer Firma produzierten und unter der Regie ihres Mannes gedrehten Film „Wer das Glashaus liebt" vor der Kamera.

Seit 2003 ist Senta Berger Präsidentin der deutschen Filmakademie und kümmert sich vermehrt um den Filmnachwuchs. Eine Paraderolle für sie als Projektor-Frau, die die Gabe hat, das künstlerische Potential der jungen Schauspieler zu erkennen und zu fördern.

Weitere Beispiele für Projektoren: Angela Merkel, Loriot, Robbie Williams, Mick Jagger, Dieter Bohlen, Josef Ackermann, George Clooney, Barack Obama, Woody Allen, Marilyn Monroe, Franz Marc, Osho

Aus dem Leben von Projektoren

Projektor (männlich): Sport treiben war für mich immer wichtig. Früher spielte ich Mannschaftssport, Basketball und Volleyball, mindestens ein- bis zweimal die Woche. Am Wochenende ging ich mit der Familie im Sommer Bergsteigen und im Winter Skifahren. Ich hatte sehr viel Spaß an der körperlichen Bewegung. Sport war ein idealer Ausgleich zu meiner beruflichen Bürotätigkeit.

Als ich noch zur Schule ging, fiel ich meinem Sportlehrer als Bewegungstalent auf, wie er es formulierte. Er bestellte meine Eltern ein und schlug vor, mich speziell zu fördern. Von Skigymnasium war die Rede. Aber weder meine Eltern noch ich konnten uns vorstellen, dass ich wegen sportlicher Ambitionen meine vertraute Umgebung verlasse. So wurde ich ein begeisterter Freizeitsportler.

Letztes Jahr im Winter wurde ich leider ausgebremst, denn ich erlitt beim Skifahren einen komplizierten Unterschenkelbruch, der lange nicht heilen wollte. Um mir die Zeit zu vertreiben, fing ich an, Computerspiele zu machen. Anfangs fand ich es langweilig, da ich alleine vor meiner Spiele-Konsole saß, aber inzwischen macht es mir so viel Spaß, dass ich lieber zu Hause sitze als mit der Familie Sport treibe. Außerdem habe ich immer noch Schmerzen im Bein und weiß nicht, ob ich es jemals wieder so bewegen kann wie in der Zeit vor dem Bruch. Meine Frau schimpft häufig mit mir: „Wenn du dein Bein nicht stärker belastest, kann dein Zustand nie besser werden!“ Sie vermisst die gemeinsamen sportlichen Aktivitäten. Kann ich verstehen, aber was soll ich machen?

Projektor (weiblich): Eigene Kinder zu haben war für mich das Größte und Wichtigste als junge Frau. In meiner ersten Ehe erfüllte sich mein Kinderwunsch leider nicht. Nachdem ich meinen zweiten Mann kennengelernt hatte, wurde ich sehr schnell schwanger. Wir heirateten. Nach dem ersten Kind folgte bald das zweite. Haushalt und Kinder forderten mich sehr. Zunehmend unterstützte ich meinen Mann im Geschäft. Ich war für die Terminplanung zuständig, was ich immer gerne machte. Mit der Zeit wurde ich immer müder und erschöpfter. Ich hatte das Gefühl, dass mit mir etwas nicht stimmt. Lediglich am Morgen, als die Kinder zur Schule gingen, hatte ich ein bis zwei Stunden für mich. Die nutzte ich, um mich noch einmal hinzulegen. Danach fühlte ich mich meist besser. Mein Mann kümmerte sich weder um den Haushalt noch um die Kinder. Selbst die Gartenarbeit blieb an mir hängen.

Ein weiteres Kind konnte ich mir unter keinen Umständen vorstellen. Mein Mann als begeisterter Bergsteiger überredete mich, an den Wochenenden, ihn auf seine meist anspruchsvollen Touren zu begleiten. Das ließ ich bald bleiben, denn das Wochenende brauchte ich unbedingt zum Erholen. Nachdem ich zum wiederholten Male nicht mitging, sagte mein Mann eines Tages zu mir: „Du bist faul!“ Ich glaubte, mich verhört zu haben. Sieht er denn nicht, wie ich die ganze Woche schufte? Allmählich ging es los, dass ich immer weniger Nahrungsmittel vertrug und immer mehr abnahm. Mein Hausarzt war ratlos. Eine Odyssee von Facharzt zu Facharzt nahm ihren Anfang. Erst eine Heilpraktikerin konnte meinen Gesundheitszustand wieder etwas verbessern.

Langsam lerne ich, meine beiden Kinder in die Erledigung der Hausarbeit miteinzubeziehen. Sie tun es meist unter Protest, aber sie tun es. Mein Mann unterstützt mich leider immer noch nicht. Er sagte einmal: „Was stellst du dich so an? Andere Frauen schaffen das auch!“

Der Reflektor

Einen Reflektor erkennt man in der Körpergrafik daran, dass alle Zentren weiß, also offen beziehungsweise nicht definiert sind. Reflektoren sind außergewöhnliche Personen; statistisch haben nur circa. 1% aller Menschen kein Zentrum definiert.

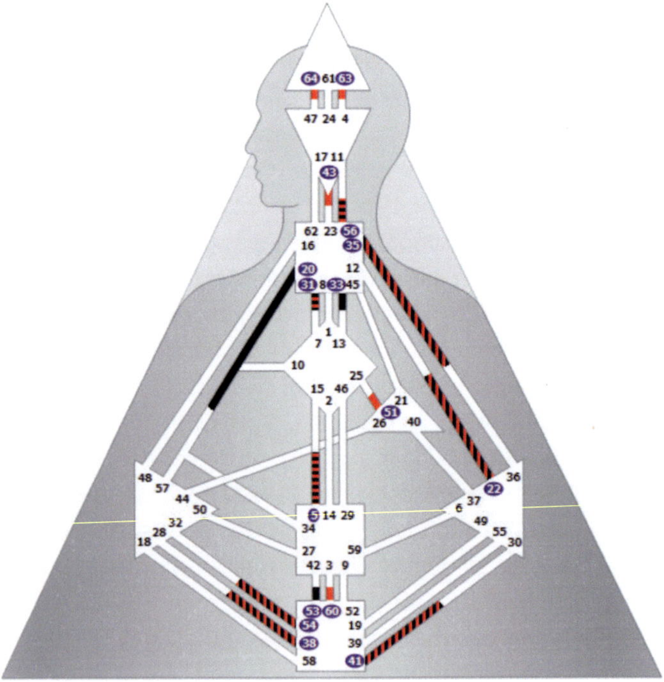

Reflektor

Reflektoren sind Menschen von enormer Offenheit, die alle Energien in ihrer Umgebung aufsaugen und widerspiegeln. Sie sind ungewöhnlich feinfühlig für die Energien der Menschen, die in Ihrer Umgebung sind.

Sie gehören zu den Menschen, die mehr als alle anderen erkennen, was funktioniert und was nicht funktioniert. Sie haben die Aufgabe, den anderen zu sagen, was korrekt ist und was nicht. Da ein Reflektor ja kein einziges Zentrum definiert hat, gibt es nichts, auf das er sich zurückziehen oder verlassen kann.

Als Folge davon zeigen Reflektoren eine ganze Reihe von typischen Verhaltensweisen. Aufgrund der großen Offenheit sehnen sich Reflektoren vielfach nach Stabilität durch andere Menschen. Reflektoren haben deshalb häufig Probleme in Ihren Beziehungen, denn es ist für sie sehr schwer, dem anderen seinen eigenen Raum zu lassen, solange sie ihr wahres Wesen nicht achten und ausleben. In dem Moment, in dem ein Reflektor sich von der Anwesenheit eines anderen abhängig macht, ist Enttäuschung vorprogrammiert.

Reflektoren haben zudem ein tiefes Bedürfnis, regelmäßig alleine zu sein, damit sie sich nicht zu sehr in den anderen verlieren. Nur wenn sie sich zurückziehen und keinerlei Einfluss der Aura von anderen aufnehmen, sind sie dazu in der Lage, sich selbst wahrzunehmen und zu entspannen.

Da Reflektoren sich mit nichts in ihrem Wesen permanent identifizieren können, werden Sie zudem häufig von anderen missverstanden oder auch als unzuverlässig und entscheidungsschwach angesehen. Dies führt zu Enttäuschung in ihrem Leben. Offen zu sein heißt auch, in irgendwelche Dinge oder Situationen hineingezogen, ja sogar hineingezwungen zu werden. Es kann sein, dass sie sich dann ausgenützt oder mitgeschleppt fühlen. Oft werden Reflektoren zum Sklaven für die anderen, und es ist dann so, dass sie für den anderen rennen, weil sie von seiner Energie abhängig sind. Es kann aber auch das Gegenteil der Fall sein, dass sie sich von niemandem dreinreden lassen, weil sie einfach so neugierig sind. Dies ist bei Reflektoren der Fall, die die große Besonderheit ihres Rave Charts gut wahrnehmen können, nämlich: „Die ganze Welt steht mir offen. Alles ist interessant!"

Um sich in ihrer großen Offenheit und Verletzlichkeit zu schützen, sind Reflektoren mit einer sogenannten Teflon-Aura ausgestattet, das heißt, sie tasten zuerst Ihre Umgebung ab und lassen nur ganz wenige Menschen wirklich nahe an sich heran.

Auch wenn sie über keine fixen Anlagen verfügen, sind sie doch an alle Möglichkeiten des menschlichen Seins verbunden – zwar nicht dauerhaft, sondern immer nur phasenweise, aber dafür umfassender als die drei anderen Grundtypen. Denn durch den Mond verfügen sie über ein regelmäßiges, monatliches Energiemuster. Hier können die Reflektoren Halt finden, denn der Mond gibt ihnen laufend bestimmte Anlagen, die sie immer kurzzeitig zur Verfügung haben. Der Schlüssel zu sich selbst ist für Reflektoren folglich immer der Mond. Wenn sie mit dem Rhythmus des Mondes in Einklang stehen, lernen sie immer mehr über sich selbst und verstehen ihr Wesen. Sobald sie sich diesem Rhythmus hingeben, ersparen sie sich Enttäuschungen und können tiefe Weisheit entwickeln.

Ein Reflektor kommt voller Ehrfurcht in diese Welt. Das Leben ist für das Reflektor-Kind so unglaublich spektakulär und aufregend. Und dann wird es von seinen Eltern dazu konditioniert, Dinge schnell machen zu müssen. Es soll schnell reagieren, schnell antworten. Aber das kann es natürlich nicht, weil es nicht seinen Anlagen entspricht. So wird es von klein auf dazu konditioniert, an jemanden anzudocken und diesem Menschen zu folgen. Es wird denjenigen dann nicht mehr aus seiner Aura hinaus lassen. Der junge Reflektor braucht mehr Aufmerksamkeit und Nahrung als andere, gerade auch durch die Eltern. Reflektor-Kinder sind anhänglich, müssen sich aber auch immer wieder in ihre Traumwelt zurückziehen können, und diesen Rückzugsraum sollte man ihnen zugestehen, damit sie sich zu gesunden Erwachsenen entwickeln können.

Reflektor-Kinder suchen mehr als andere Leitung und Führung im Leben, suchen alles von anderen zu lernen und haben einen großen Anspruch, dass sie genährt werden – auf allen Ebenen. Sind Reflektoren dann später selber Eltern, nähren sie ihre Kinder, wollen aber auch von ihren Kindern genährt werden, mehr als andere Eltern. Das Loslassen der Kinder ins Erwachsenenleben fällt Reflektor-Eltern schwer.

In Kontakt mit einem Reflektor ist es wichtig, dass man ihn zu keiner Entscheidung drängt, sondern ihm immer Zeit lässt, bis er selbst zu seiner Entscheidung findet. Auch muss man sich im Klaren darüber sein, dass man nie weiß, wen man gerade vor sich hat, welchen Typ er gerade verkörpert. So hat er von Zeit zu Zeit das Energiemuster eines Manifestors zur Verfügung. Dann ist es für ihn gesund, Initiative zu ergreifen. Oder wenn es an bestimmten Tagen generierende Qualitäten gibt, dann muss er warten, bis er gefragt wird und ins Reagieren kommt. Oder es ist ein Projektor-Tag. Dann ist es sinnvoll, dass er sich einladen lässt.

Das Leben mit einem Reflektor wird nie langweilig. Ein Reflektor geht immer mit dem 28-tägigen Mondrhythmus, der genauso wechselhaft ist wie der Reflektor selbst. Reflektoren können unglaublich viel über Energie erfahren; diese Offenheit, dieses Wahrnehmungsvermögen ist ihre große Gabe, von der alle Menschen profitieren können.

Als lunares Wesen fühlen Sie sich sehr wohl in der Gegenwart von Kindern, weil Kinder eine unschuldige Aura haben, die durch Sie gespiegelt wird und die Sie tief empfinden können.

Es ist für Sie nicht gesund, spontan zu sein auf Grund Ihrer enormen Offenheit. Die richtige Strategie für Sie als Reflektor lautet: Wenn Entscheidungen anstehen, sollten Sie einen ganzen Mondumlauf warten, also circa 28 Tage, bis Sie sich für oder gegen etwas entscheiden. Wenn Sie sich spontan „Ja!“ oder „Nein!“ sagen hören, dann dürfen Sie sich und sollen Sie sich sogar misstrauen.
Probieren Sie es einfach einmal aus: Lassen Sie Leute, die von Ihnen eine Antwort wollen, 28 Tage warten. Dann haben Sie Klarheit und wenn Sie so leben, können Sie ein gesunder Mensch sein. In diesen 28 Tagen sollten Sie mit verschiedenen Menschen reden und ganz besonders darauf achten, was Sie sich selbst sagen hören, denn Ihre Worte spielen eine große Rolle für Ihre Entscheidungsfindung. Nachdem Sie sich mit anderen Menschen unterhalten haben, sollten Sie Ihre Entscheidung nach Ablauf des Mondzyklus alleine treffen, nicht in der Aura anderer Menschen. Auf diese Weise ist der Mond Ihr genialer Lehrmeister, der Sie durch alle Möglichkeiten der Persönlichkeit führt und Ihnen letztlich nach 28 Tagen zu Klarheit verhilft.

Auf Grund Ihrer großen Offenheit sind Sie immer Spiegel Ihrer Umgebung. Sie sind ein menschlicher Seismograph, wenn man so will. Sie zählen zu den feinfühligsten Menschen, die als erste spüren, wenn etwas nicht in Ordnung ist, vergleichbar mit einem Kanarienvogel im Bergwerk, der aufhört zu pfeifen, sobald die Luft zu dünn wird.

Im Tiervergleich finde ich den Fisch ausgesprochen passend. Denn Fische wie auch Reflektoren sind ganz eigene Geschöpfe. Für sie gelten andere Regeln als für den Rest der Welt. Der Fisch lebt im Element Wasser, in dem es wenig Greifbares gibt, das keine eigene Form hat und in seiner Qualität fließend und veränderlich ist, und der Reflektor hat als einziger Typ alle Zentren offen, das heißt, er nimmt alles aus seiner Umwelt wahr; er drückt folglich nicht sich selbst, sondern seine Umgebung aus und braucht deshalb am längsten für seine Entscheidungen. Beide sind sehr abhängig von ihrer Umgebung. Fische reagieren rasch und empfindlich auf verschmutztes Wasser. Der Reflektor leidet ebenfalls unter einem nicht passenden Umfeld. Durch die Position ihrer Augen besitzen Fische den 360°-Rundumblick, sie haben dadurch ein extrem breites Wahrnehmungsvermögen, wie wir das auch vom Reflektor kennen. Haben Sie schon einmal einen Fisch angefasst? Durch seine glatte Haut ist er nicht wirklich greifbar. Er entgleitet einem schnell. Die Haut erinnert an die Teflon-Aura des Reflektors.

Fritz Wepper als Beispiel für einen Reflektor

Der deutsche Schauspieler Fritz Wepper stand bereits mit elf Jahren als Peter Pan auf der Bühne. Bekannt wurde er als 18-Jähriger im Kinofilm „Die Brücke" von Bernhard Wicky. Populär wurde Wepper 1968 mit der Rolle des Harry Klein als Assistent von Kommissar Keller, alias Erik Ode in der legendären Serie „Der Kommissar". Sechs Jahre später verließ er das Ermittlerteam und wechselte zu Oberinspektor „Derrick" ins Morddezernat und spielte fortan den „ewig Zweiten" an der Seite von Horst Tappert, bis dieser 1998 mit der letzten Folge in den wohlverdienten Ruhestand ging.

Bestimmt nahmen viele Fernsehzuschauer an, mit Weppers schauspielerischem Talent kann es nicht weit her sein, weil er dreißig Jahre dieselbe Rolle spielte. Weit gefehlt! Wepper fühlte sich wohl in diesem Team. Warum sollte er dann wechseln? In vielen Filmen ist Fritz Wepper neben seinem Bruder Elmar Wepper zu sehen. Das passt ideal zu einem Reflektor. Sein Bruder ist ihm vertraut und gibt ihm Sicherheit. In jüngerer Zeit spielt er öfter an der Seite seiner Tochter. Was kann einem Reflektor Besseres passieren? Seine Vielseitigkeit und sein komödiantisches Talent zeigt Fritz Wepper unter anderem als Bürgermeister Wöller in der Serie „Um Himmelswillen" auf überzeugende Art und Weise. Beharrungsvermögen ist für den Reflektor genau so typisch wie Vielseitigkeit, die aber häufig nicht ausgelebt wird aus Angst, Verlässliches aufgeben zu müssen.

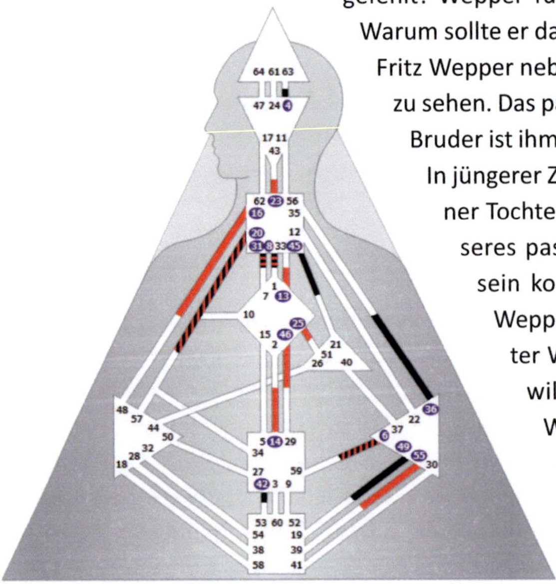

Fritz Wepper

Wenn sich ein Reflektor in einer Umgebung wohlfühlt, wird er diese nicht verlassen. Das wird der Grund sein, warum Wepper immer noch in München lebt, wo er geboren und aufgewachsen ist.

Weitere Beispiele für Reflektoren: Jürgen Klinsmann, Sandra Bullock, Michael Jackson, Fjodor Dostojewski, Eduard Mörike, Karl-Heinz Grasser, Uri Geller, Bill Haley, Alexander Solschenizyn, Carl Friedrich Gauss

Aus dem Leben von Reflektoren

Reflektor (weiblich): Mein Mann und ich, wir heirateten im Zweiten Weltkrieg. Es fiel mir sehr schwer, meine geliebten Eltern zu verlassen und mit meinem Mann in eine eigene Wohnung zu ziehen. Wir hatten nette Nachbarn, so dass ich mich langsam in die neue Umgebung einlebte.

Mein Kinderwunsch war groß, aber wir mussten noch warten, weil ich nach einer Lungen-Operation noch zu schwach war, hieß es von ärztlicher Seite. Das Schicksal hatte jedoch anderes mit uns vor. Mein Mann bekam eine schwere Angina mit hohem Fieber und verstarb. Er war meine große Liebe. Deshalb heiratete ich nicht mehr. Ich kehrte ins Elternhaus zurück, aber ich litt sehr darunter, keine Kinder zu haben. Schließlich nahm ich wieder meinen Beruf der Lehrerin auf. Die Schulkinder liebte ich als wären es meine eigenen. Meine Mutter kochte und erledigte den Haushalt. Nachdem mein Vater starb, zog meine ledige Schwester bei uns ein. Wir drei Frauen machten alles gemeinsam: Am Sonntag besuchten wir vormittags den Gottesdienst, nachmittags gingen wir spazieren oder wir fuhren zum Kaffeetrinken.

Wir verreisten auch immer zusammen. Ich pflegte die Kontakte innerhalb der Familie zu den Neffen und Großneffen und zu den Nichten und Großnichten und behandelte sie wie meine eigenen Kinder und Enkelkinder. Ich war immer glücklich, wenn sie um mich waren.

Reflektor (männlich): Soweit ich zurückdenken kann, hatte ich eine schöne Kindheit, zumindest lange Zeit. Jeden Tag entdeckte ich Neues in Wald und Flur, was meine Fantasie enorm beflügelte. Das änderte sich radikal, nachdem meine Eltern mit uns

Kindern in die Stadt in eine Wohnung zogen. Ich musste auf meine geliebten Bäume und Wiesen verzichten. Meine neue Welt wurde auf einmal so klein.

Der Schuleintritt folgte. Ein Junge namens Klaus war in den ersten Monaten mein bester Freund. Er half mir ein wenig, meine Gedanken an mein geliebtes, altes Zuhause etwas zu zerstreuen. Auf einmal wollte er nichts mehr mit mir zu tun haben. Seine Worte: „Du weißt nie, was du willst! Auf dich kann ich mich nicht verlassen." beendeten unsere Freundschaft. Wieder brach eine kleine Welt für mich zusammen. Mein Leben wurde nicht einfacher, denn die Eltern hatten auch immer wieder etwas an mir auszusetzen. Ein Vorwurf lautete zum Beispiel: „Warum brauchst du immer so lange, bis du dich entscheidest? Deine Geschwister können doch auch „Ja" oder „Nein" sagen." In meinem späteren Beruf eckte ich ebenfalls des Öfteren an, weil ich häufig die Begeisterung der Kollegen nicht teilte. Mancher fragwürdige Geschäftsabschluss, der im Chaos endete, wäre nicht zustande gekommen, wenn sie auf mich gehört hätten. Privat bin ich mit meiner Frau und unseren drei Kindern sehr glücklich. Wir wohnen ausgesprochen ruhig in einem Häuschen auf dem Land. So habe ich mir mein Leben immer vorgestellt. Noch fahren die Kinder begeistert mit uns in den Urlaub, was ich sehr genieße. Ich mag gar nicht daran denken, wenn sie uns eines Tages nicht mehr begleiten oder, noch schlimmer, wenn sie ausziehen.

Märchen vom Königreich Humania oder wie es sein könnte, wenn jeder seinen Typ lebt

Es war einmal ein Königspaar, das ein riesiges Königreich hatte mit tiefen Wäldern, fruchtbaren Ebenen, grünblauen Seen und kraftvollen Strömen. Dieses Reich hieß Humania. Das Königspaar hatte vier Kinder, die unterschiedlicher nicht sein konnten. Manito, der älteste, war der Anführer. Er sagte seinen jüngeren Geschwistern immerzu, was sie zu tun hatten. Aber er selbst machte stets nur, was er wollte. Das verärgerte Eltern und Geschwister gleichermaßen, und es gab deswegen oft Ärger in der Königsfamilie. Das zweitälteste Kind war Genora. Sie war ein fleißiges Mädchen und war unaufhörlich beschäftigt. Sie putzte das Tafelsilber und die Schuhe, und wenn sie fertig war, baute sie mit großer Hingabe aus Spielsteinen Häuser. Suchte der König wieder einmal seine Lieblingsschuhe, dann wusste er, Genora machte sie gerade sauber. Der König freute sich über den Eifer seiner Tochter, aber dennoch war er oft zornig auf sie: „Sie könnte mich doch fragen, ob ich meine Schuhe brauche. Immer dann, wenn ich sie anziehen will, sind sie weg!" Das dritte Kind war wieder ein Junge. Er hieß Projito. Er hatte einen ausgesuchten Geschmack und kleidete sich sehr edel. Er wusste, dass er etwas Besonderes war, jedoch zweifelte er daran, dass die anderen das auch an ihm sehen. Genora gab ihm häufig den Putzlappen in die Hand, schließlich war er ihr kleiner Bruder und sie meinte, ihm Arbeiten anordnen zu können. Als Projito gerade die ersten Sätze sprechen konnte, gehorchte er seiner Schwester noch. Doch bald ließ er sie die Arbeiten alleine verrichten. Es war ihm einfach zu anstrengend. Er brauchte auch immer so viele Erholungspausen, was wiederum Genora verärgerte. Projito träumte von einer herrlichen Zukunft, in der er der Chef sein konnte. Tief in seinem Innersten wusste er, dass das das Richtige für ihn sein würde. Schließlich gab es noch ein jüngstes Kind. Es war ein ganz und gar zartes Mädchen namens Refora. Sie weinte stets, wenn die anderen sich stritten. Meist spürte sie schon vorher, wenn es zu einer Auseinandersetzung kam. Dann verließ sie rechtzeitig den Raum. Denn sie litt zu sehr unter der schlechten Stimmung. Die Eltern wussten, dass dieses, ihr letztes Kind, ein sehr außergewöhnliches Wesen war.

Die Königskinder wuchsen heran. Die drei älteren Kinder zankten sich oft, Refora, die Jüngste, zog sich dann zurück. Die vier bekamen die besten Lehrer des Landes. Diese sollten das wahre Wesen der Kinder hervorlocken, so dass sie zu zufriedenen und glücklichen Menschen heranreifen und somit den Fortbestand von Humania sichern konnten. Die Ausbildungszeit dauerte sieben Jahre. Der Streit unter den Kindern nahm mit jedem Jahr ab, sehr zur Freude der Jüngsten und des Königspaares. Manito, der Älteste wollte zwar immer noch den Ton angeben, aber er lernte, die restliche Familie über seine Vorhaben in Kenntnis zu setzen. Und mit der Zeit wurde er von den anderen immer mehr geschätzt. Genora, die Zweitälteste, arbeitete nur dann, wenn sie wirklich Lust dazu hatte und wenn sie von den anderen gefragt wurde. Immer häufiger hörte sie sich „m-hm" oder „n-n" sagen. Hörte sie ihr eigenes „m-hm", wusste sie: „Jetzt ist es richtig, wenn ich in Aktion trete!" Bei einem „n-n" ließ sie es bleiben. Sie freute sich, denn sie hatte nicht mehr so viel zu tun wie früher. Außerdem wussten auch alle anderen ihre Mühe immer mehr zu schätzen und freuten sich, wie viel sie für alle tat. Projito verhielt sich die erste Zeit sehr zurückhaltend. Seine Gabe, das Organisieren, wurde sehr bald von den anderen entdeckt. Immer wenn er aufgefordert wurde, den Monatsspeiseplan oder den neuen Dienstplan zu erstellen, waren alle begeistert, wie mühelos und ansprechend er dies tat. So erntete Projito sehr viel Lob und wurde immer glücklicher dabei. Refora brauchte immer noch ihre Phasen des Rückzugs, aber sie spürte als erste, wenn das Essen verdorben war oder wenn einer der Bediensteten ein Herzeleid hatte. Sie unterrichtete die anderen darüber, die alles unternahmen, dies Elend wieder aus der Welt zu schaffen. Deswegen war Refora bei allen sehr beliebt. Manito nahm sich immer mehr zurück. Er machte das, was er am besten konnte, nämlich Jagen, und kehrte stets mit Beute ins elterliche Schloss zurück. Es war ihm nicht mehr wichtig, anderen zu befehlen. Denn auch er sah bald ein, dass Projito viel besser wusste, welche Fähigkeiten die anderen besaßen und für welche Tätigkeiten sie am besten einzusetzen waren.

Als das Königspaar schon sehr alt war, bekam Projito die Königskrone, zu seiner obersten Beraterin ernannten sie Refora, die mit ihrer feinfühligen Ader sofort spürte, wo sich im Reich eine schwierige Lage anbahnte. Manito ging weiterhin erfolgreich zur Jagd und Genora ging ganz in den Aufgaben auf, die ihr Bruder Projito ihr vorschlug: Sie gestaltete einen neuen Park für das Volk und baute Schulen für die Kinder. Alle vier Kinder waren glücklich und zufrieden, weil jeder das machte, was er am besten konnte. Sie bekamen von den Eltern alle gleich viele Goldtaler als Erbe, da jeder einen wichtigen Beitrag zum Fortbestand des Königreichs Humania leistete. Das größte Anliegen der vier Königskinder war die Erziehung der Nachkommenschaft. Es war die Aufgabe aller Lehrer im Reich, jedes Kind dahingehend zu unterweisen, dass es lernt, sich so anzunehmen, wie es ist und das zu tun, was es am besten kann. So gab es keine Dümmeren und keine Klügeren, aber auch keine Besseren und keine Schlechteren. Jeder konnte der sein, der er war. Bald gab es keine Bürgerkriege und Aufstände mehr im Reich Humania. Jeder war glücklich nach seiner Facon und ließ den anderen das sein, was er war. Als Folge davon wurde das Wort „Stress“ aus den Wörterbüchern gestrichen, und man schaute nur noch in zufriedene Gesichter, während in anderen Königreichen Kriege tobten und Mord und Totschlag an der Tagesordnung waren. Das Königreich Humania existierte als einziges bis ans Ende der Zeit.

C | Wo ist Ihre Innere Autorität?[7]

Die Anbetung von Autorität
zerstört alles Verstehen.
[Krishnamurti]

Über Jahrtausende haben wir gelernt, der Autorität im außen zu glauben und zu gehorchen. Wir ließen uns befehligen von den kirchlichen und weltlichen Machthabern und folgten den Ratschlägen und Anordnungen der Vorgesetzten, Lehrer, Eltern und Freunde. Dies war für damals nicht falsch, sondern der Weg der Menschheit, um zu sozialen Individuen zu werden und zu lernen, in der Gemeinschaft und für die Gemeinschaft zu handeln. Doch viele Menschen suchen auch heute noch Gurus und Hellseher und erwarten, dass diese für sie entscheiden nach dem Motto: Soll ich nun Robert oder Norbert heiraten? Sie drücken sich weiterhin davor, Verantwortung für sich und für ihr Leben zu übernehmen.

Human Design gibt Ihnen das wertvolle „Tool" an die Hand, künftig Ihre Entscheidungen richtig zu treffen, nämlich aus Ihnen selbst und als Sie selbst.

Den Typ mit der entsprechenden Strategie auszuleben, ist bereits die halbe Miete. Doch bemühen Sie niemals Ihren Verstand zur Entscheidungsfindung. Er ist der denkbar schlechteste Ratgeber. Er führt Sie in die Irre, weil er für und gegen alles Argumente finden kann. Ihr Verstand kann lediglich hilfreich sein für die Entscheidungsfindung anderer Menschen.

Aber es gibt bei den allermeisten Menschen einen Ort in ihrem Inneren, der ihnen klar und deutlich sagt, wie sie richtig entscheiden können aus sich selbst heraus. Dieser Ort ist die sogenannte „Innere Autorität“. Sie liegt in der Körpergrafik in einem Ihrer definierten Zentren. Nicht alle Zentren geben innere Autorität. Es kann der Solarplexus sein, das Sakral-Zentrum, das Milz-Zentrum, das Herz-Zentrum oder das G-Zentrum. In dieser Reihenfolge können Sie durch die Zentren Ihres Charts gehen, und das erste der genannten, das definiert ist, bezeichnet Ihre innere Autorität. Wenn keines dieser Zentren definiert ist, dann haben Sie keine innere Autorität und müssen sich für Ihre Entscheidungen viel Zeit lassen. Übrigens: die Bedeutung der definierten Körper-Zentren kommt in Kapitel E ausführlich zur Sprache.

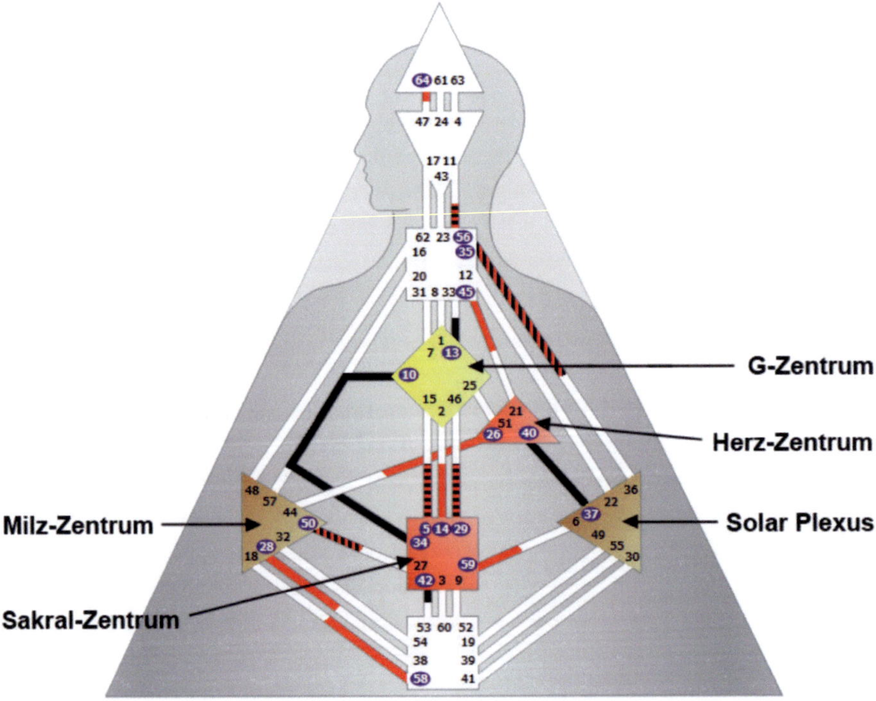

Innere Autorität im Solar Plexus-Zentrum

Wenn Sie den Solar Plexus angelegt haben, das ist bei immerhin 50% aller Menschen der Fall, dann liegt dort Ihre innere Autorität, unabhängig davon, welche anderen Zentren definiert sind. Das bedeutet, alle Ihre Entscheidungen brauchen Zeit, weil Sie festgelegte Stimmungswechsel haben, die Sie nicht kontrollieren können und die unabhängig von äußeren Umständen ablaufen. Mal sind Sie gut drauf und dann wieder schlecht. Ihre Stimmungen folgen einer Wellenbewegung von oben nach unten und von unten nach oben. Deshalb sollten Sie sich immer mehrere Eindrücke von einem Menschen oder von einer Situation verschaffen, bevor Sie sich endgültig entscheiden. Wenigstens sollten Sie noch eine Nacht darüber schlafen. Erst wenn in Ihnen Ruhe einkehrt und die Nervosität abklingt, ist die Zeit reif für die Entscheidung.

Beispiel: Karl-Heinz Böhm
Zwischen dem Aufkommen der Idee und der Gründung der Hilfsorganisation „Menschen für Menschen“, in der er sich aktiv für die Menschen in Äthiopien und die Verbesserung ihrer Lebensverhältnisse einsetzt, vergingen einige Jahre. Obwohl Böhm als Manifestor jederzeit reden und handeln kann, ließ er die Idee reifen und nahm sich ausreichend Zeit, bis er in Aktion trat.

Haben Sie den *Solar Plexus* und das *Sakral-Zentrum* angelegt, dann müssen Sie mehrere Bauch-Reaktionen sammeln als Ausdruck Ihrer unterschiedlichen emotionalen Eindrücke, um schließlich zu einem Gesamteindruck zu kommen, der ein verlässliches und endgültiges Urteil erlaubt.

Haben Sie den *Solar Plexus* und das *Milz-Zentrum* angelegt, dann heißt es, bei wichtigen Entscheidungen immer abzuwarten, aber bei alltäglichen Entscheidungen, zum Beispiel, esse ich jetzt lieber das Käsebrot oder die Banane? können Sie spontan aus dem Augenblick heraus entscheiden.

Haben Sie den *Solar Plexus,* das *Sakral-Zentrum* und das *Milz-Zentrum* definiert, bedeutet das, dass bei Ihnen alle wichtigen Entscheidungen reifen müssen. Sie sollten Ihre Reaktionen, die als Ausdruck Ihrer verschiedenen emotionalen Befindlichkeiten unmittelbar aus dem Bauch kommen, eine Zeit lang beobachten, um Klarheit zu bekommen. Bei alltäglichen Entscheidungen können Sie Ihrer spontanen Reaktion folgen.

Innere Autorität im Sakral-Zentrum

Ist Ihr Solar Plexus offen, aber dafür Ihr Sakral-Zentrum definiert, dann stellt das Sakral-Zentrum Ihre innere Autorität dar. Diese Menschen können unmittelbar aus dem Bauch heraus reagieren auf Fragen, Anfragen und Lebenssituationen. Das kann mitunter sofort sein, aber das kann auch dauern. Nur ihr Bauch weiß, wann die Zeit da ist für die richtige Entscheidung.

Beispiel: Carla Bruni
Sie nahm die Einladung Nicolas Sarkozys zu einer Abendgesellschaft an, obwohl sie seine konservative Politik ablehnte. Es war eine Reaktion aus dem Bauch und nicht aus dem Kopf. So kam es, dass Carla Bruni drei Monate nach dem ersten Treffen Frau Sarkozy wurde.

Haben Sie das *Sakral-Zentrum* und das *Milz-Zentrum* angelegt, dann ist es für Sie korrekt, wenn Sie auf Ihre erste spontane Reaktion aus dem Bauch heraus achten als Hinweis für die richtige Einschätzung einer Situation. Beachten Sie dabei, dass Ihre Antwort auf die gleiche Frage eine Stunde später ganz anders ausfallen kann.

Innere Autorität im Milz-Zentrum

Sind Ihr Solar Plexus und Ihr Sakral-Zentrum offen, aber das Milz-Zentrum ist angelegt, dann ist das Milz-Zentrum Ihre innere Autorität. Sie verfügen über die Intuition im Jetzt, die genau weiß, was in diesem Augenblick gut für Sie ist. Hier ist der Mut zur Spontaneität gefragt.

Beispiel: Sebastian Vettel
Der Formel-Eins-Pilot entscheidet mit Hilfe seines sicheren Instinkts von Augenblick zu Augenblick, wie er sein Rennauto navigiert. Sein Erfolg gibt ihm recht.

Innere Autorität im Herz-Zentrum

Haben Sie den Solar Plexus, das Sakral-Zentrum und das Milz-Zentrum nicht definiert, dafür aber das Herz-Zentrum, ist Ihr Entscheidungsgeber Ihre Willenskraft. Dabei kann es Ihnen helfen, wenn Sie Ihren eigenen Worten genau zuhören. Sie sprechen nämlich meist aus, was Sie wollen und was Sie nicht wollen.

Beispiel: Neale Donald Walsch
Nach einigen schweren Schicksalsschlägen wurde Walsch obdachlos. Seine Willenskraft brachte ihn wieder auf die Beine und dorthin, wo er heute steht als Erfolgsautor einer Vielzahl von Büchern, die Menschen Mut machen, dem Leben einen tieferen Sinn abzugewinnen.

Innere Autorität im G-Zentrum

Sind Ihr Solar Plexus, Ihr Sakral-Zentrum, Ihr Milz-Zentrum und Ihr Herz-Zentrum offen, aber Ihr G-Zentrum ist angelegt, dann liegt dort Ihre innere Autorität. Sie können das G-Zentrum als Ziehen unter Ihrem Brustbein wahrnehmen[8], entweder zieht es Sie hin zu etwas oder weg von etwas. In jedem Fall sollten Sie Ihre Entscheidungen alleine fällen, ohne dass Sie in der Aura anderer Menschen sind.

Beispiel: Andrea Bocelli
Der blinde Sänger, der sehend zur Welt kam, ließ sich von innen heraus dorthin ziehen, wo sein Platz im Leben ist. Bocelli erfreut seither seine Zuhörerschaft weltweit mit seiner satten und verzaubernden Tenor-Stimme.

Ohne innere Autorität

Wenn jemand vom Typ her Reflektor ist, hat er keine innere Autorität. Er hat also keine Instanz in sich, die ihm zielsicher den Weg zur richtigen Entscheidung weist. Deshalb braucht er für wichtige Entschlüsse immer 28 Tage, also einen ganzen Mondumlauf. Diese Zeit dauert es, bis das zu entscheidende Thema sozusagen in seinem gesamten System gereift ist und zu Ende gebracht werden kann.

Auch bei einigen wenigen Projektoren kommt es vor, dass sie über keine innere Autorität verfügen. Dies ist der Fall, wenn sie nur zwei oder drei der oberen Zentren Kopf, Verstand und/oder Kehl-Zentrum angelegt haben.

Wenn das bei Ihnen der Fall ist, sollten Sie sich ebenfalls Zeit lassen bei Ihren Entscheidungen und mit möglichst vielen verschiedenen Menschen vorher darüber sprechen. Es hat keine Bedeutung, was Sie denken oder welche vernünftigen Argumente Sie zu kennen glauben. Achten Sie ganz besonders darauf, was Sie sich sagen hören. Sie werden erstaunt sein. Hören Sie sich selbst gut zu! Denn Ihre eigenen Worte spielen eine große Rolle bei Ihrem individuellen Prozess der Entscheidungsfindung. Sobald sich für Sie eine klare Position herauskristallisiert, ist die Zeit reif für die korrekte Entscheidung.

Beispiel: Freddie Mercury.
Seine enorme Offenheit als mentaler Projektor mit dem definierten Kopf- und Verstandes-Zentrum begünstigte die Tatsache, dass er Spiegel war und ist für die unterschiedlichsten Empfindungen und Lebensäußerungen verschiedenster Menschen, was sich in seiner großen Popularität ausdrückt. Aber gerade der verführerische Drang, spontan zu sein, war es vielleicht, der ihm schlussendlich zum Verhängnis wurde hinsichtlich seiner späteren Aids-Infizierung, die zu seinem frühen Tod führte.

D | Wer sind Sie nicht?

Alle unsere Prägungen können durchbrochen werden im Augenblick durch unmittelbares Erkennen der Wahrheit.

[Krishnamurti]

Was bedeutet ein offenes Zentrum allgemein?

Vielleicht wundern Sie sich, dass ich damit weitermache, wer Sie nicht sind und nicht damit, wer Sie sind. Das hat einen guten Grund: Im Normalfall leben wir Menschen das, was wir nicht sind, das heißt wir jagen den Themen nach, die in der Körpergrafik durch die offenen Zentren zum Ausdruck kommen. Aus diesem Blickwinkel werden wir nun die neun Körper-Zentren mit ihren jeweiligen Bezeichnungen betrachten und daran die Themen beleuchten, die sich daraus ergeben. In den weißen, also den offenen Zentren, sind wir nicht festgelegt. Hier werden wir beeinflusst und konditioniert von außen. Offene Zentren sind unsere Fenster zur Welt und damit jene Bereiche, in denen wir lernen können. Wir leben die offenen Zentren allerdings nicht einfach so offen, wie sie sind; das heißt, wir nehmen nicht einfach auf und erkennen die Qualität dessen, was hier kommt. Vielmehr saugen wir mit diesen offenen Zentren alle Faszination, alles Leben ein, was uns im außen angeboten wird und identifizieren uns damit. Offene Zentren sind wie die schwarzen Löcher im Universum, die sich alles aus ihrer Umgebung gierig einverleiben. Wir nehmen in diesen Zentren also auf, indem wir die definierten Zentren der anderen

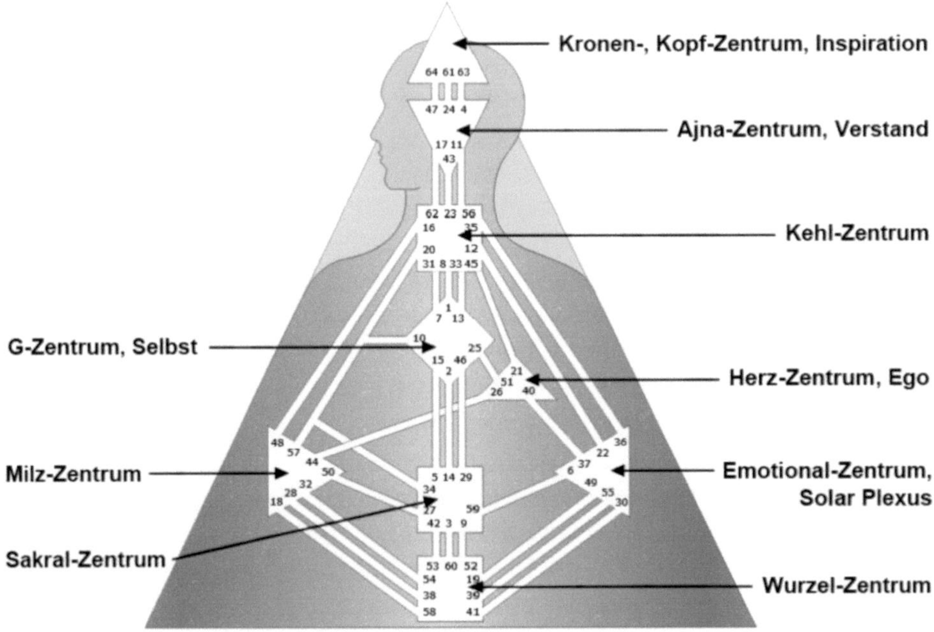

spiegeln; doch wenn wir uns dessen nicht bewusst sind, verstärken und übertreiben wir alles maßlos, was über diese Zentren zu uns hereinkommt. Dann tappen wir in die Falle unseres sogenannten Nicht-Selbst, weil wir uns mit Eigenschaften identifizieren, die uns im Grunde wesensfremd sind.

Grundsätzlich ist Offenheit kein Mangel, ganz im Gegenteil, weil hier ein unglaubliches Potential für Lernen und Weisheit vorhanden ist. Allerdings neigen wir dazu, an den Themen der offenen Zentren krampfhaft festzuhalten, denn das Schwankende gaukelt uns Sicherheit vor. Die offenen Zentren zeigen uns, welche Kurse wir in der Schule des Lebens besuchen können. Um diesen Weg zu gehen, müssen wir lernen, nicht an den Qualitäten festzuklammern, die wir über diese offenen Zentren aufnehmen, denn sie sind nicht Teil unserer Identität, sondern eröffnen uns die Möglichkeit, in diesen Bereichen Überraschung und Abwechslung zu erleben.

Fast niemand geht mit diesen offenen Zentren korrekt um, weil der Verstand der Erfüllungsgenosse für die offenen Zentren ist und für alles überzeugende Argumente findet. Um dieser Falle zu entkommen, können wir lediglich den Verstand in seinen Nicht-Selbst-Strategien beobachten und korrekt entscheiden nach unserem

Typ, unserer Strategie und unserer inneren Autorität. Dann hört der Verstand allmählich auf, sich in unsere Entscheidungen einzumischen, was zur Folge hat, dass unser Leben spürbar einfacher wird. Sie fühlen sich mit Ihren offenen Zentren magisch hingezogen zu den definierten Zentren, die Ihnen im außen entgegen kommen. Umgekehrt sind Ihre offenen Zentren unglaublich verlockend für Menschen, die diese Zentren im eigenen Rave Chart angelegt haben, weil Sie deren Themen spiegeln und damit deren Narzissmus bedienen. Die Anziehung beruht immer auf Gegenseitigkeit. Ob der Mensch mit dem definierten Zentrum für Sie gut ist, steht auf einem anderen Blatt. Wir fühlen uns genetisch immer zum Gegenteil hingezogen, wobei wir uns mit dem, was uns ähnlich ist, zumeist besser verstehen. Also bedenken Sie: Was faszinierend ist, muss nicht immer gut für uns sein. Darüber erfahren Sie mehr in Kapitel F (Die Beziehung zu anderen verstehen: In der Partnerschaft).

Korrekt gehen Sie mit den offenen Zentren um, wenn Sie sich mit deren Themen nicht identifizieren, denn das sind Sie nicht. Sie sollten die Themen nicht festhalten, sondern loslassen, um immer wieder für Neues offen zu sein. Von den Themen, die wir in den offenen Zentren aufgenommen haben, bleibt immer etwas hängen, so dass wir durch dieses Phänomen viele neue Erfahrungen sammeln können mit großem Lerneffekt.

Die Konditionierbarkeit der offenen Zentren ist bei uns Menschen ganz und gar normal als notwendige Voraussetzung für Evolution.

Die offenen Zentren[9]

Offenes Kopf-Zentrum

Misch dich in Angelegenheiten, so wird dein ganzes Leben sorgenvoll.

[Laotse[10]]

Das Dreieck ganz oben in der Körpergrafik ist das Kopf-, Ajna- oder Kronen-Zentrum. Mit dem offenen Kopf-Zentrum erleben Sie die Fragen anderer Menschen als inspirierend. Diese Inspiration kann sich aber jederzeit ändern, je nachdem, mit wem Sie zusammentreffen, da Sie dort nicht festgelegt sind. Mit dem offenen Kopf-Zentrum sind Sie sehr neugierig und aufgeschlossen. Sie können sich praktisch für alles interessieren. Sie können sich begeistern für das neue Handy, das in aller Munde ist oder für den neuen Kinofilm, der in der Presse gelobt wird. Das kann zur Folge haben, dass Sie sich verzetteln und zehn Bücher gleichzeitig lesen. Begegnet Ihnen eine neue Inspiration, kann die Ihnen stets anregender erscheinen als die letzte. Wenn Sie sich davon immer wieder ablenken lassen, werden Sie kein Buch zu Ende lesen.

Darüber hinaus besteht bei Ihnen die Neigung, dass Sie sich mit den Fragen, Sorgen und Problemen anderer Menschen beschäftigen. Nach dem Motto: Warum trägt der Apfelbaum in Nachbars Garten keine Äpfel, obwohl er im Frühjahr so herrlich geblüht hat? Im Extremfall können Sie darüber Kopfschmerzen bekommen.

Natürlich ist es ein Geschenk, ein inspirierter Mensch zu sein. Mit dem offenen Kopf-Zentrum wird Ihr Leben keine Langeweile kennen. Wenn Sie mit ihrem offenen Kopfzentrum angemessen umgehen wollen, sollten Sie die Probleme anderer nicht zu Ihren eigenen machen. Nehmen Sie immer nur die Inspirationen auf, die Ihnen gut tun!

Falls das Grübeln nicht aufhört, gehen Sie unter Leute, die Sie nicht einmal persönlich zu kennen brauchen, beispielsweise ins Kino oder ins Café. In einem Umfeld, das Sie mit anderen Inspirationen und Ideen erfüllt, können Sie am ehesten „auf andere Gedanken" kommen.

Sie sollten sich von Zeit zu Zeit fragen: Mache ich die Probleme und Fragen anderer immer noch zu meinen eigenen?

Zitate:

„Früher bin ich auf jede neue Trendsportart aufgesprungen, bis mir der Spaß zu teuer wurde!"

„Monatelang habe ich darüber nachgedacht, wie ich meiner Freundin dabei helfen kann, dass sie von ihrem gewalttätigen Mann loskommt!"

Prominente Beispiele mit offenem Kopf-Zentrum

Viele Menschen in der Öffentlichkeit haben ein offenes Kopf-Zentrum, so zum Beispiel der Schlagersänger Udo Jürgens, der nicht nur die Liebe besingt, sondern sich auch Außenseiterthemen annimmt, wie beispielsweise in seinem Lied „Griechischer Wein", in dem er die Gastarbeiter-Problematik anspricht.

Arnold Schwarzenegger trainierte nicht nur seine Muskeln, um als Terminator überzeugend zu sein. Er interessierte sich auch für das politische Zeitgeschehen, was ihn schließlich zum Gouverneur von Kalifornien gemacht hat.

Für Politiker ist es allemal gut, wenn sie über ein offenes Kopf-Zentrum verfügen, denn sie müssen für die Belange ihrer Wähler Interesse zeigen, um eine Chance zu haben, gewählt zu werden. So haben Angela Merkel, George W. Bush und Barack Obama beispielsweise einen offenen Kopf.

Bill Gates machte sich mit seinem offenen Kronen-Zentrum Gedanken, wie PCs zum Allgemeingut werden können. Er ließ sich inspirieren und wurde dabei zum reichsten Mann der Welt. Später ließ er sich anregen, welche Hilfsprojekte er in sinnvoller Weise unterstützen kann.

Natürlich sind es auch immer wieder die Künstler, die Inspirationen dankbar aufnehmen und entsprechend ihres Gesamtcharts umsetzen, so der surrealistische Maler Salvador Dali und die deutsche Kunst-Malerin Paula Modersohn-Becker. Auch der Schriftsteller Günter Grass braucht Inspirationen, um ein neues Buchprojekt in Angriff nehmen zu können.

Die beiden Weisheitslehrer Jiddu Krishnamurti und Khalil Gibran nahmen in ihrer Offenheit Gedanken auf, die die existenzielle und spirituelle Dimension des Menschseins ausleuchten.

Offenes Verstandes-Zentrum

Gedanken schwächen den Geist.

[Laotse]

Das zweite Zentrum von oben ist das Verstandes- oder Ajna-Zentrum. Hier wird nachgedacht, bewertet und verglichen. Konzepte werden gebildet, untersucht und manipuliert.

Wir haben alle von klein auf gelernt, mit unserem Verstand Entscheidungen zu fällen, denn der Verstand ist in unserer Kultur die Heilige Kuh. Wir Menschen sind Jahrhundertelang gezwungen worden, dem Verstand zu vertrauen, nach dem Motto: Wissen ist Macht. Aber der Verstand weiß nicht, wie man Entscheidungen fällt. Der Verstand ist für die anderen Menschen gut und zum Austausch mit anderen bestens geeignet. Human Design bietet uns eine Möglichkeit, dass wir uns korrekt entscheiden entsprechend unseres Typs, unserer Strategie und unserer inneren Autorität.

Treffen Sie eine Entscheidung mit dem Verstand, weil Sie mehr Gründe dafür als dagegen gefunden haben, dann wird der Verstand ewig nachbohren. Davon sind allerdings auch die Menschen mit einem definierten Verstand betroffen. Der Verstand wird immer fragen, was wäre gewesen, wenn ich mich für die Alternative entschlossen hätte. Er wird keine Ruhe geben. So ist er. Auf diese Weise finden wir keinen mentalen Frieden. Wir schalten aus alter Gewohnheit das mentale Hamsterrad ein, unabhängig davon, ob wir ein angelegtes oder nicht angelegtes Verstandes-Zentrum haben. Die Person mit dem offenen Verstand unterscheidet sich von der mit dem definierten darin, dass sie Verstandesargumente geradezu fanatisch ins Feld führen kann und zur Überraschung aller, oft schon kurze Zeit später, mit der gleichen Verbissenheit das Gegenteil postulieren kann. Der Person selbst ist dies in den seltensten Fällen bewusst. Das Umfeld reagiert darauf zumeist irritiert.

Mit einem offenen Verstand ist die Art Ihres Denkens nicht festgelegt. Sie können sich für geistige Konzepte, Meinungen, Ideen und Vorstellungen begeistern.

Ein offener Verstand sucht immer Gewissheit, weil er merkt, dass er sie nicht hat. Deswegen können Sie stur eine bestimmte Meinung vertreten oder sich vehement für Ideen und Ideale einsetzen. Am nächsten Tag können Sie wieder eine andere Meinung haben, die Sie mit Zähnen und Klauen verteidigen. In verschiedenen Lebensphasen können Sie sich für völlig konträre Dinge begeistern. Sie können zum Beispiel fünf Jahre lang überzeugte Atheistin sein und sich dann wieder kompromisslos für den christlichen Glauben einsetzen. Im Extrem können wir hier geistigem Fanatismus und Extremismus begegnen. Mentaler Fanatismus äußert sich heutzutage seltener in politischen Überzeugungen, vielmehr in religiösen und weltanschaulichen Dogmen. Einen großen Raum nehmen bei uns inzwischen die sogenannten „Lebensstilmoralisten" ein, die vorschreiben wollen, welches Essen und welche Verhaltensweisen opportun sind, wenn man ein „guter Mensch" sein will.[11] Was Sie denken, ist von Ihrer Zeit und Kultur geprägt und wie Sie denken, das hängt von Ihrer konkreten Umgebung ab.

Sie wollen auch immer die richtigen Antworten parat haben, um nicht als dumm zu erscheinen. Menschen mit einem offenen Verstandes-Zentrum wollen auch immer recht haben, dabei kann niemand mehr lernen und geistig aufnehmen als ein solcher Mensch.

Ein offener Verstand ist extrem lernfähig. Wir finden hier die Intellektuellen. Mit dieser großen geistigen Offenheit können Sie viel Erfolg haben, gerade auch im Berufsleben.

Im Grunde können Sie alles denken, aber Sie haben keinerlei Kontrolle darüber. Aus dieser Unsicherheit heraus entsteht die Neigung, auf einer bestimmten Meinung zu beharren. Doch wenn Sie verstehen, dass Ihr persönliches Design den Verstand nicht als etwas Festgelegtes vorgesehen hat, sondern als Möglichkeit, alles aufzunehmen, werden Sie sich mit Ihren Gedanken nicht länger identifizieren. Weder Ihre Kenntnisse noch Ihre Meinungen sind eigentlich Ihre eigenen, und sie verlieren sich, wenn Sie sich von diesen Anteilen, die von außen kommen, vereinnahmen lassen und sie für Ihr Eigenes halten. Ihre Persönlichkeit ist viel mehr als Ihr Wissen, und Meinungen kommen und gehen bei Ihnen. Meinungen sind nichts weiter als Wanderer auf der Durchreise.

Ihr Verstand ist dazu da, Wissen aufzunehmen, das Sie an andere weitergeben, um mit ihnen darüber zu kommunizieren. So kann Ihr offener Verstand sehr nützlich sein für andere Menschen.

Sie sollten sich von Zeit zu Zeit fragen: Ist es mir immer noch wichtig, zu jedem Thema eine feste Meinung zu haben?

Zitate:

„Auch wenn ich mir nicht sicher war, habe ich darauf bestanden."
„Wenn ich einen Lieblingsautor habe, muss ich alle Bücher von ihm lesen."

Prominente Beispiele mit offenem Verstandes-Zentrum

Als Paradebeispiel für geistigen Fanatismus können Hitler und die Mehrzahl seiner Gefolgsleute, die über einen offenen Verstand verfügten, betrachtet werden. Auch die RAF-Terroristin Ulrike Meinhof war intellektuell veranlagt mit ihrem offenen Ajna-Zentrum, wurde aber schließlich mit ihren radikalen Gedanken zur Sklavin ihres Verstandes, was sie und andere schlussendlich ins Verderben führte. Diese Beispiele machen deutlich, wohin es führen kann, wenn man sich mit seinen Gedanken und Meinungen identifiziert.

Es gibt natürlich auf der anderen Seite auch unendlich viele Beispiele dafür, dass die mentale Beeinflussbarkeit erfreuliche Effekte haben kann.

Der russische Ex-Präsident Michail Gorbatschow ließ sich durch seine fleißige Reisetätigkeit in den Westen von den dort herrschenden Vorstellungen und Meinungen anregen, was wohl eine Voraussetzung dafür war, den Eisernen Vorhang zum Fall zu bringen.

Es gibt viele Musiker mit offenem Verstand, die inspiriert sind vom Zeitgeist und diesen in ihren Texten und ihrer musikalischen Ausrichtung widerspiegeln. Meistens bleiben sie ihrem Stil treu, wie zum Beispiel Eros Ramazzotti, Bruce Springsteen, Tina Turner, Julio Iglesias und Mick Jagger.

Die Schauspieler Johnny Depp, Mario Adorf und Götz George, sowie die Schauspielerinnen Meryl Streep und Sophia Loren bleiben ihren Berufen treu, öffneten sich aber immer wieder neuen Rollen, so auch der Regisseur Steven Spielberg, der sich in seinen Filmen stets erneut der Herausforderung neuer Themen stellt.

Die gedankliche Wandlungsfähigkeit des offenen Verstandes-Zentrums zeigte sich auch beim Atomphysiker Robert Oppenheimer, der in der Frage der Nutzung von Atomenergie von einer unbekümmerten zu einer besorgten, verantwortungsvollen Haltung wechselte.

Auch für Ereignisse und Institutionen lässt sich ein Rave Chart erstellen: Das Design der New Yorker Börse hat ebenfalls ein offenes Ajna-Zentrum. Das heißt, dass die Entwicklung der Börse nicht berechenbar ist und ständig Überraschungen bereithält, wobei es immer wieder Zeiten gibt, in denen bestimmte Tendenzen vorherrschen.

Offenes Kehl-Zentrum

Erlange den gesamten Himmel durch Nichteinmischen.

[Laotse]

Das dritte Zentrum von oben ist das Kehl-Zentrum. Mit Hilfe des Kehl-Zentrums wird geredet und gehandelt. Wenn dieses Zentrum bei Ihnen offen ist, bedeutet das, dass Ihr Reden und Handeln nicht festgelegt sind.

Sie haben das Bedürfnis, von anderen Menschen gesehen zu werden. Dafür tun Sie einiges, was Ihnen höchstwahrscheinlich nicht bewusst ist. Oft ergreifen Sie das Wort und keiner hört Ihnen zu, und häufig treibt Sie blinder Aktionismus an, aber damit rennen Sie keine offenen Türen ein. Verständlicherweise sind Sie darüber enttäuscht. Ihren Sprachstil passen Sie stets Ihrer Umgebung an; das geschieht ganz von selbst. Mit dem offenen Kehl-Zentrum unternehmen Sie einiges, um die Aufmerksamkeit der anderen auf sich zu ziehen, weil Sie glauben, sonst nicht gesehen zu werden. Das rührt meist daher, dass Menschen mit offenem Kehl-Zentrum nicht selten das Sprechen in der Kindheit erst spät erlernten, so dass sie schlecht auf sich aufmerksam machen konnten. Diese frühkindliche Erfahrung wirkt prägend bis ins Erwachsenenalter.

Wenn Sie in einer Gruppe von Leuten sind, kennen Sie bestimmt das Gefühl: „Jetzt muss ich etwas sagen, sonst platze ich!" Oft schwingen Sie sich auf, für die Gruppe zu sprechen und in den seltensten Fällen machen Sie sich dadurch Freunde. Es kann also sein, dass Sie sehr viel reden, wenn Sie mit anderen Menschen zusammen sind. Dann kann zweierlei passieren: Zum einen hört Ihnen niemand wirklich zu, und zum anderen können Sie heiser werden oder Halsschmerzen bekommen. Doch solche Sorgen werden Sie nicht mehr haben, wenn Sie darauf warten, dass Sie aufgefordert beziehungsweise darum gebeten werden, etwas zu sagen.

Ob Sie es glauben oder nicht: In dem Moment, in dem Sie schweigen und untätig sind, ziehen Sie die Aufmerksamkeit der anderen auf sich wie ein Magnet. Erst dann werden Menschen auf Sie zukommen und Sie fragen, zum Beispiel nach Ihrer Meinung oder nach Ihren Wünschen. Wenn Sie mit den richtigen Menschen zusammen sind, können Sie in Ihrem Leben Dinge in die Tat umsetzen. Mit dem offenen Kehl-Zentrum haben Sie ein enormes Potential, das Reden und Singen zu lernen. Viele große Sänger und Redner haben häufig ein offenes Kehl-Zentrum.

Vertrauen Sie der Magie des Schweigens! Probieren Sie's einfach aus! Sie werden sich wundern!

Sie sollten sich von Zeit zu Zeit fragen: Versuche ich immer noch Aufmerksamkeit zu erregen, koste es, was es wolle?

Zitate:
„Ich war ein stilles Kind und heute bin ich eine Rampensau!"
„Als Jugendliche ließ ich mir viel einfallen, um aufzufallen."

Prominente Beispiele mit offenem Kehl-Zentrum
Viele große Sänger und Vielredner verfügen über das Potential eines offenen Kehl-Zentrums. Zum Beispiel der Opernsänger Luciano Pavarotti nutzte die Lernfähigkeit seiner nicht definierten Kehle und gab seinen ursprünglichen Beruf des Bäckers auf, um in den großen Opernhäusern der Welt seine Sangeskunst zu präsentieren.

Auch in der Rock- und Popmusik finden wir herausragende Stimmen mit einem offenen Kehl-Zentrum. So stellte der legendäre Freddie Mercury immer wieder die grandiose Bandbreite seiner stimmlichen Ausdrucksfähigkeit unter Beweis.

Mit seiner außergewöhnlichen Stimme beeindruckte auch Michael Jackson, der ebenfalls sein Kehl-Zentrum nicht definiert hatte. Er wusste um die Verletzlichkeit seiner Stimme, die viel mehr Schonung brauchte, als wenn das Kehl-Zentrum definiert ist. Denn in Michael Jackson's Film „This is it", der die letzten Proben dieses Ausnahmekünstlers zeigt, weigert er sich mehr als einmal, eine Liedpassage zu wiederholen mit dem Hinweis, er muss seine Stimme schonen. Michael Jackson wusste, dass die Stimme sein Kapital war, mit der er deshalb achtsam umgehen musste.

Das Um-jeden-Preis-auffallen-Wollen verbunden mit einer herausragenden stimmlichen Präsenz verkörpert auf eindrucksvolle Weise Lady Gaga. Sie inszeniert sich selbst als Gesamtkunstwerk. Dass die Selbstdarstellung eine an Peinlichkeit kaum zu überbietende Gratwanderung ist, demonstriert so mancher Prominente, wie beispielsweise Boris Becker. Der deutsche Altbundeskanzler Helmut Schmidt, der ebenfalls über ein nicht angelegtes Kehl-Zentrum verfügt, scheint sich selbst sehr gut zu kennen, denn er meinte in einem Interview: „Mir ist der eigene Geltungsdrang durchaus bewusst."

Der Moderator und Vielredner Thomas Gottschalk verfügt ebenfalls über das Potential eines offenen Kehl-Zentrums. Seine sprachliche Gewandtheit zeigte sich schon früh, als er noch als Radio-Moderator beschäftigt war. Sein Freund und Kollege Günther Jauch, der sich auf seine Sendungen akribisch vorbereiten musste, konnte nie verstehen, wie Thomas Gottschalk seine Sendebeiträge stets aus dem Handgelenk schüttelte. Günther Jauch verfügt über ein definiertes Kehl-Zentrum, das nur auf eine bestimmte Art und Weise sprechen kann. Die Sendung „Wetten dass" lebte von Gottschalks Auftritt. Gottschalk fällt auf, auch wenn er schweigt, er tut einiges dafür. Er kleidet sich außergewöhnlich und seine akzentuierten Worte werden von ausladenden Gesten unterstrichen. Sein Auftritt suggeriert Wichtigkeit.

Die Modeschöpferin Coco Chanel machte von sich reden, als sie Frauen in nüchterne, maskuline Kleidung steckte.

Hugh Heffner revolutionierte die Regenbogenpresse mit seinem damals neu erschienen Magazin „Der Playboy".

Alice Schwarzer betrat das Rampenlicht, indem sie sich für die Rechte der Frauen stark machte.

Woody Alan schaffte es immer wieder, die Öffentlichkeit auf sich aufmerksam zu machen – durch seine ungewöhnlichen Filme, aber auch durch sein Privatleben.

Offenes G-Zentrum

Wenn du dich in die Sicherheit der Quelle fallen lässt,
wirst du mit dem, was das Leben dir bringt, fertig
und bis ans Ende deiner Tage wirst du keine Verwirrung erleiden.

[Laotse]

Das vierte Zentrum von oben, das aufgestellte Quadrat, ist das G-Zentrum, das Selbst. Hier geht es um Liebe und Richtung; Menschen mit offenem G-Zentrum bekommen Liebe und Richtung von anderen.

Es gibt Fragen, die Menschen mit offenem G-Zentrum immer wieder beschäftigen; nicht umsonst wird das G-Zentrum auch als das Selbst bezeichnet, und so haben diese Menschen immer Fragen dazu, wer sie eigentlich sind: Wer liebt mich? Wo ist mein Platz im Leben? Wo gehöre ich hin? Sobald Menschen mit offenem

Selbst einen anderen treffen, der ihnen eine Ahnung gibt, wer sie sind und was sie mit Ihrem Leben anfangen können, halten sie an ihm fest. Ob der Mensch wirklich richtig für sie ist, können sie allerdings nicht mit ihrem Kopf entscheiden.

Da Menschen ohne definiertes G-Zentrum ständig auf der Suche nach ihrer Identität sind, haben sie die Tendenz, jede ihnen angebotene Identität anzunehmen. Sagt jemand zu ihnen beispielsweise „Sie sind klug!“, dann ist das eine positive Etikettierung und sie werden sich alle Mühe geben, diesem Bild zu entsprechen. Sagt jemand: „Du bist aber ängstlich!“, werden sich Menschen mit offenem G-Zentrum ebenfalls bemühen zu zeigen, dass sie ängstlich sind, obwohl sie vielleicht im Grunde viel Mut haben. Diese Menschen können vorübergehend die eine oder andere Konditionierung annehmen, aber keine davon hat letztlich damit zu tun, wer sie wirklich sind.

Für Menschen mit offenem G-Zentrum ist es ganz normal, wenn sie in ihrem Leben mit unterschiedlichen Menschen zu tun haben, demnach ganz verschiedene Freunde haben und von verschiedenen Ausrichtungen angezogen werden. Vielleicht spielen sie ebenso gerne Tennis wie sie Schach spielen, oder sie gehen ins Theater oder ins Autokino, je nachdem, mit wem sie zusammen sind. Mit anderen Freunden können wieder ganz neue Hobbys in das Leben eines Menschen mit offenem G-Zentrum kommen, vielleicht fangen sie mit regelmäßigen Yoga-Kursen an oder was auch immer. Aber das heißt keinesfalls, dass diese Menschen dann bis ans Lebensende beim Yoga dabei bleiben. Sie sind immer wieder offen für neue Wege und Möglichkeiten.

Selbst wenn sie glücklich sind mit dem Partner und mit dem Beruf, werfen sie stets ein Auge darauf, was es sonst noch „auf dem Markt“ gibt, weil sie nicht festgelegt sind.

Ein offenes Selbst ist keine Bürde, es ist ein Geschenk. Sie sind ein Mensch, der offen ist für Neues, wodurch Ihr Leben sehr bereichert wird.

Da sich am G-Zentrum die vier Tore der Liebe befinden, projizieren andere Menschen auf Sie, dass Sie ein liebevoller Mensch sind.

Sie haben mit dem offenen G-Zentrum die Gabe, die richtige Richtung für andere zu erkennen, eine gute Voraussetzung für den Lehrer- und Trainerberuf.

Für Ihr Leben mit offenem G-Zentrum gibt es eine einfache Regel: Wenn Sie sich an einem Ort wohl fühlen, dann sind Sie dort richtig. Automatisch sind Sie dann auch mit den richtigen Menschen zusammen, also mit den Menschen, die Ihnen gut tun. Spüren Sie in sich hinein, ob Sie sich an einem Ort wohl fühlen. Das Gute dabei ist, dass Sie ein untrügliches Gespür haben, ob ein Ort für Sie gut ist oder nicht. Rennen Sie aber ja nicht selber drauf los, sondern warten Sie ab, was auf Sie zukommt. Bei Ihnen besteht die große Herausforderung darin, zu akzeptieren, dass Liebe und Richtung nichts Bleibendes sind und dass es nicht in Ihrer Macht steht, zu bestimmen, wann Liebe und Richtung kommen und gehen.

Sie sollten sich von Zeit zu Zeit fragen: Halte ich immer noch krampfhaft an einer bestimmten Liebe oder Richtung fest, obwohl ich mich damit nicht mehr wohl fühle?

Zitate:
„Ich probiere gerne neue Wege aus. Entweder ende ich in der Sackgasse oder ich entdecke unglaublich Neues."
„Wie sehr wünschte ich mir, endlich einen Menschen zu finden, bei dem ich ein Leben lang bleibe."

Prominente Beispiele mit offenem Selbst
Das offene G-Zentrum kennt das Thema der Orientierungslosigkeit. Für den ersten Menschen im Weltraum, den russischen Kosmonauten Juri Gagarin, war es mit seinem offenen Selbst nicht wichtig, die räumliche Orientierung zu behalten, da er mit Autopilot durch den Weltraum raste. Es ist Ironie des Schicksals, dass er als Kampfpilot bei einem Übungsflug abstürzte. War es, weil ihm die Orientierung fehlte? Aber auch im übertragenen Sinne kann ein offenes G-Zentrum die Orientierung verlieren. So brauchte Herbert Grönemeyer nach dem Tod seiner Frau Jahre, bis er wieder neue Songs komponieren konnte.

Bei vielen Menschen mit offenem Selbst wird von einer besonderen Liebesaura gesprochen, die dann gut ist für Mythenbildung, so zum Beispiel Mutter Teresa, Prinzessin Diana und Michael Jackson. Einem offenen G-Zentrum wird gewöhnlich nichts Böses unterstellt. So vertraut man einem Banker Josef Ackermann und einer Bundeskanzlerin Angela Merkel.

Wohnortwechsel können auch charakteristisch sein für Menschen mit nicht angelegtem Selbst. Bezeichnend war der Name von Michael Jackson's Ranch: „Neverland Ranch" nach dem Motto: Ich bin überall und nirgends zu Hause.

Ein offenes G-Zentrum ist nicht festgelegt auf einen bestimmten Ort oder auf einen bestimmten Beruf oder ein bestimmtes Hobby.

So gab Karl-Heinz Böhm seinen Schauspielerberuf auf und fing an, als Organisator für die Afrika-Hilfe zu arbeiten.

Diese Menschen sind nie vor Überraschungen im Leben sicher.

Der Schweizer Postbeamte Emil Steinberger glaubte wohl kaum, dass er zu einem äußerst beliebten und erfolgreichen Pantomimen und Kabarettisten werden würde, der heute seine Brötchen als Schriftsteller verdient.

Die arbeits- und mittellose Britin Joanne K. Rowling hätte sich nie träumen lassen, mit ihren Harry-Potter-Büchern Weltruhm zu erlangen, die sie zu einer Millionärin machten.

Genauso fern lag es gewiss auch einer ostdeutschen Physikerin Angela Merkel, eines Tages das Amt der gesamtdeutschen Bundeskanzlerin zu bekleiden. Und der Schweizer Chemiker Albert Hoffmann war wohl auch sehr überrascht, dass er, anstatt das von ihm gesuchte wirkungsvolle Kreislaufmittel die Modedroge LSD kreiert hatte. Bei einem offenen G-Zentrum könnte man sagen: Nichts ist unmöglich!

Offenes Herz-Zentrum

Wünsche schwächen das Herz.

[Laotse]

Das kleine Dreieck rechts in der Mitte der Körpergrafik ist das Herz-Zentrum, auch Ego genannt. Im Herz-Zentrum geht es um Ich-Stärke und Willenskraft. Nur circa 35% der Menschen haben dieses Zentrum definiert.

Menschen, die dieses Zentrum nicht definiert haben, können nicht auf eine konstante Willenskraft bauen. Deshalb können sie heute dies wollen und morgen das, oder gar nicht wissen, was sie wollen. Im offenen, nicht definierten Ego besteht jedoch die Neigung, genau das zu leisten, was eigentlich gar nicht zum eigenen Design gehört: Mit starker Willenskraft Dinge durchzuziehen, um damit sich und anderen etwas beweisen zu wollen. Wenn diese Menschen ihr angepeiltes Ziel nicht erreichen, leidet ihr Selbstwertgefühl sehr darunter. Menschen mit offenem Herz-Zentrum fällt es zudem nicht leicht, Forderungen zu stellen und das Geld zu verlangen, das ihnen für ihre Arbeit zusteht.

Unsere Leistungsgesellschaft hämmert uns unaufhörlich ein, wie wichtig es ist, Beste oder Bester zu sein, so auch im Sport. Über Silber- und Bronze-Medaillen wird kaum gesprochen. Der Konkurrenzkampf wird in Schule, Beruf und Freizeit geschürt, und so erstaunt es wenig, dass der Burnout immer mehr zu einer Volkskrankheit wird. In unserer Gesellschaft gilt die Devise „Wo ein Wille ist, ist auch ein Weg!“, und dies wird auch allen Kindern immer wieder gepredigt. Menschen ohne definiertes Ego sind unglücklich, wenn sie ein angepeiltes Ziel nicht erreichen und haben das Gefühl, versagt zu haben.

Erfährt ein offenes Ego immerzu negative Verstärkung, traut es sich immer weniger zu. Gerade bei Kindern und Jugendlichen kann sich das verheerend auswirken. Auf der anderen Seite kann das offene Ego leicht manipuliert werden, indem ihm vorgegaukelt wird, dass es Dinge gut beherrscht, von denen es keine Ahnung hat. Diese Form der Manipulation wird gerne von Eltern praktiziert, die wollen, dass die Kinder das erreichen, was ihnen selbst im Leben versagt blieb. Dies hat zur Folge, dass solche Kinder ihr ganzes Leben falschen Zielen hinterherrennen.

Bei Kindern kann sich das offene Ego auch folgendermaßen zeigen: Können keine Resultate im positiven, gesellschaftlich anerkannten Bereich, sei es im Sport oder über gute Schulnoten erbracht werden, wird gesellschaftlich unangepasstes Verhalten gezeigt, um wenigstens dort Superlative einzuheimsen. Natürlich braucht es noch weitere Faktoren, die ein solches Verhalten begünstigen. So kommt jeder auf seine Art ins Guinness-Buch der Rekorde.

Menschen mit offenem Ego können sich unglaublich unter Druck setzen, indem sie Dinge in Angriff nehmen, die nicht Ihrem Naturell entsprechen.

Wenn Sie auf Ihren Verstand hören, strengen Sie sich nach jedem missglückten Vorhaben noch mehr an. Sie pushen Ihren Körper zu Höchstleistungen, weil Sie Ihr Selbstwertgefühl am Erreichen Ihrer Ziele festmachen.

Sie werden Versprechungen machen, nur um sich und anderen zu beweisen, wie wertvoll und wichtig Sie sind. Die Versprechen werden Sie regelmäßig brechen müssen, weil Ihnen die Kraft ausgeht.

Ihr Verstand gaukelt Ihnen vor, wie klug, wie perfekt, wie sportlich und wie grandios Sie sind. Statt irgendwelchen Zielen hinterherzulaufen, sollten Sie sich lieber mal eine gemütliche Pause gönnen.

Sie schinden sich zum Beispiel monatelang und absolvieren einen Waldlauf nach dem anderen, um schließlich in einem Marathonlauf brillieren zu können. Und was geschieht? Sie schaffen es nicht! Kurz vor dem Ziel bekommen Sie Wadenkrämpfe und müssen aufgeben. Sie sind todunglücklich, weil Sie Ihr Vorhaben nicht durchziehen konnten, obwohl Sie doch alles so perfekt geplant hatten. Sie werden in Zukunft noch härter trainieren, Ihren Körper noch mehr schinden, weil sie unbedingt erfolgreich sein wollen. Sonst fühlen Sie sich wertlos.

Sie könnten so ein wunderschönes, angenehmes Leben haben, wenn Sie nicht immer wieder irgendwelchen Zielen wie besessen hinterher laufen würden. Nicht selten führt eine perfektionistische Arbeitshaltung nach wenigen Jahren zu einem Burnout. Dabei ist den wenigsten Betroffenen bewusst, dass sie sich permanent überfordern.[12] Dadurch, dass Sie sich immer wieder zu Versprechen hinreißen lassen, bringen Sie unglaublich viel Druck in Ihr Leben.

Wer ein offenes Ego hat, verspricht einfach gerne etwas, weil er sich dann wertvoll fühlt und übernimmt wie selbstverständlich zusätzliche Arbeiten und verzichtet dafür auf Freizeit. Auch werden Sie im Privatleben alles tun, die gemachten Versprechen halten zu können. Auf Biegen und Brechen werden Sie alles unternehmen, nur um den anderen nicht enttäuschen zu müssen.

Stellen Sie sich vor, Sie haben abends mit jemandem ein Treffen vereinbart und müssen ausgerechnet an diesem Tag länger arbeiten. Nun werden Sie alles unternehmen und geben richtig Gas mit Ihrem Auto, um noch pünktlich zum vereinbarten Treffpunkt zu erscheinen. Sie riskieren Leib und Leben, um das Versprechen einhalten zu können.

Der ganze Stress hört auf, wenn Sie Ihren Typ mit der entsprechenden Strategie sowie auch ihre korrekte Autorität leben.

Ein Mensch mit nicht definiertem Ego kann auf alles einsteigen, solange es für ihn richtig ist. Wenn jedoch der Verstand die Entscheidungen fällt, machen diese Menschen alles, wofür sie meinen, Anerkennung zu finden und fügen sich dadurch mehr Schaden als Nutzen zu.

Mit einem offenen Herz-Zentrum haben Sie die Gabe, sehr genau zu spüren, was andere wollen. Auch spüren Sie, wer echte Ich-Stärke hat und wer nur mit aufgeblähtem Ego durch die Gegend rennt.

Hier können Sie auch lernen, wie man sich in der materiellen Welt durchsetzen kann. Gewöhnen Sie es sich an, keine Ziele zu haben und keine Versprechen abzugeben. So wird Ihr Leben einfacher und stressfreier. Sie können ja sagen: „Ich versuche es, aber versprechen kann ich nichts!"

Sie sollten sich von Zeit zu Zeit fragen: Womit will ich mir beweisen, dass ich perfekt bin?

Zitate:
„Ich gab mir alle Mühe, in der Schule bessere Noten zu erzielen als meine große Schwester."
„Wenn ich mir vornahm, jeden Tag zu joggen, dann zog ich das durch, egal ob ich Lust hatte oder nicht. Eine Erkältung hinderte mich nicht daran."

Prominente Beispiele mit offenem Ego
Da ein offenes Ego alles lernen kann über die Welt des Geldes, erstaunt es wenig, dass diese Menschen materiell sehr erfolgreich sein können. Als Paradebeispiel fungiert hier Bill Gates, der jahrelang als der reichste Mensch der Welt galt. Allem Anschein nach hat er inzwischen verstanden, dass Geld nicht alles im Leben ist, nachdem er sich von seinem Computer-Konzern zurückzog und jetzt für die Familie und wohltätige Zwecke da ist. Der Extrembergsteiger Reinhold Messner erkletterte als erster Mensch alle 8000-er Gipfel und machte bis dato unmöglich Geglaubtes möglich, dass ein Mensch in solchen Höhen ohne Sauerstoffgerät überleben kann.

Der österreichische Skirennläufer Hermann Maier realisierte ebenfalls scheinbar Unmögliches, indem er nach seinem schweren Motorradunfall, der ihm beinahe ein Bein gekostet hätte, ein einzigartiges Comeback feierte.

Der amerikanische Stuntman Evel Knievel machte die waghalsigsten Stunts aller Zeiten. Er zeigte allen, dass er der Mutigste und Beste war.

Politiker mit offenem Ego sind unglaublich getrieben, zu beweisen, dass sie die Lösung aller Probleme haben. Maßlose Selbstüberschätzung kann das Produkt eines offenen Ego sein, das gleichzeitig unter massiven Minderwertigkeitskomplexen leidet. Hitler ist dafür ein anschauliches Beispiel, wenngleich viele Faktoren zusammen kommen müssen, um einen Menschen wie Hitler hervorzubringen.

Das Beweisen-Müssen im offenen Ego trieb auch einen Che Guevara, einen Fidel Castro und einen Ajatollah Khomeini an.

Sie sehen schon, ein offenes Ego kann Weltgeschichte schreiben. In jedem Fall ist die Neigung zum übertriebenen Einsatz groß, egal in welche Richtung das Engagement geht.

Der Musiker Xavier Naidoo verschrieb sich zu Beginn seiner Musikerkarriere dem Singen von Lauten ohne Wortbedeutung. Er traute sich anscheinend nicht zu, gute, ansprechende Texte zu schaffen. Dass er es inzwischen, gerade auch auf Grund seiner gelungenen Texte, zu so großer Beliebtheit brachte, ist typisch für ein offenes Ego, das sich von Natur aus erst einmal nichts zutraut und sein Licht unter den Scheffel stellt. Erfolgt Ermutigung von außen, kann ein offenes Ego Unglaubliches vollbringen. Aber der Mensch sollte nur auf das ansprechen, was gemäß seines Typs und seiner Strategie korrekt ist.

Offenes Milz-Zentrum

Der Durchschnittsmensch erträgt es nicht, allein zu sein.

[Laotse]

Das weiße Dreieck unten links in der Körpergrafik ist das Milz-Zentrum. Hier befinden sich unser Immun-System, unser Instinkt und unsere Intuition. Das Milz-Zentrum hat auch mit Wohlfühlen und Geborgenheit zu tun.

Menschen mit einem offenen Milz-Zentrum fühlen sich deshalb alleine nicht besonders wohl. Sie bekommen das Gefühl der Geborgenheit von anderen Menschen oder aber auch von einem Haustier. Im Extremfall lassen sie sich von anderen Menschen alles gefallen, nur um nicht alleine zu sein.

Zum Beispiel finden wir hier die Frau, die immer wieder von Ihrem Ehemann geschlagen wird und trotzdem bei ihm bleibt oder den Mann, der von seiner Freundin immer wieder betrogen wird und dennoch nicht von ihr los kommt.

Menschen mit offenem Milz-Zentrum sind anhänglich und treu. Viele von ihnen sind abhängig von anderen Menschen, die ihnen mitunter nicht gut tun. Wir finden hier auch beziehungssüchtige Menschen, die nicht alleine sein können.

Wenn Ihnen ein Mensch das Gefühl der Geborgenheit gibt, muss er noch lange nicht gut für Sie sein. Sie fühlen sich sehr wohl in Ihrer Haut, wenn Sie mit bestimmten Menschen zusammen sind. Nur leider ist es nicht immer der Fall, dass Ihnen diese Menschen gut tun, was Sie allerdings oft lange nicht bemerken. Denn Sie können sehr abhängig sein von Dingen, Menschen und Gewohnheiten, die Ihnen mehr schaden als nützen. Sie lassen sich leicht ausnützen und lassen sich viel gefallen von anderen. Ihr Kopf sagt Ihnen dann zum Beispiel: „Sei doch nicht so zimperlich wegen der einen blöden Bemerkung!"

Sie sollten sehr wählerisch sein, mit wem und mit was Sie sich umgeben. Sie sind nämlich die „Prinzessin auf der Erbse", weil Ihr Körper tief beeindruckbar ist. Essen und trinken Sie nur das, was Sie anspricht und nicht das, was alle zu sich nehmen.

Lesen Sie die Bücher und schauen Sie die Filme an, zu denen es Sie hinzieht, auch wenn es im Bekanntenkreis gerade in ist, Horrorfilme zu schauen. Wenn es Sie zu den Horrorfilmen hinzieht, dann ist das stimmig und richtig für Sie. Aber das können nur Sie entscheiden.

Sie kennen das bestimmt: Sie entscheiden sich spontan für etwas und Ihre Unternehmung entpuppt sich als Reinfall. Hüten Sie sich vor Spontaneität und lassen Sie sich von niemandem zu etwas verleiten. Das schadet Ihrer Gesundheit.

Sie glauben, ein fürsorglicher Mensch zu sein. Nein, das sind Sie nicht! Es tut Ihnen nicht gut, dauernd für andere da zu sein. Das Wichtigste ist für Sie, dass Sie sich gut um sich selbst kümmern. Das tut dann automatisch Ihrer Umgebung gut. Der denkbar schlechteste Beruf wäre für Sie ein Pflegeberuf.

Wichtig ist es für Sie auch, dass Sie Ihrem Körper Zeit geben, Krankheiten auszukurieren. Dadurch lernt Ihr Immunsystem enorm und wird mit der Zeit immer stärker und widerstandfähiger. Sie sprechen auch gut auf Homöopathie und Naturheilmittel an.

Sehr gesund ist es für Sie, immer wieder einmal alleine zu sein oder alleine einen Waldspaziergang zu machen. Auch wenn Sie ein diffuses Gefühl der Angst in sich spüren, ja so eine Art innere Alarmbereitschaft, ist das Alleinsein hin und wieder richtig und wichtig für Sie. Denn so reinigt sich Ihr Immunsystem und Sie bekommen innere Klarheit.

Mit dem offenen Milz-Zentrum haben Sie die wunderbare Gabe zu spüren, wie es anderen Menschen körperlich geht. Viele große Heiler und Ärzte verfügen über ein offenes Milz-Zentrum.

Sie sollten allerdings mit der Zeit lernen, sich mit dem körperlichen Befinden anderer, das Sie spüren, nicht zu identifizieren. Sonst kann Sie das krank machen.

Sie sollten sich von Zeit zu Zeit fragen: Meine ich immer noch, spontan und fürsorglich sein zu müssen?

Zitate:
„In Gruppen mache ich gefährliche Sachen, die mir nicht gut tun."
„Ich hatte den Spitznamen Mutter der Nation, weil ich immer ausreichend Proviant für alle dabei hatte."

Prominente Beispiele mit offenem Milz-Zentrum
Als Paradebeispiel dient hier Romy Schneider, die sich zeitlebens nichts mehr ersehnte als eine beständige Beziehung. Bereits als Kind vermisste sie diese, da sich ihr Vater nach der Scheidung der Eltern immer seltener blicken ließ. Romy wurde zu den Großeltern und ins Internat abgeschoben. Ihre späteren Beziehungen waren genauso wenig von Dauerhaftigkeit. Von ihrem Ehemann Harry Mayen ließ sie sich eine Menge gefallen, bevor sie sich von ihm trennte.

Romy Schneider ist ein besonders überzeugendes Beispiel für das Ausleben der Nicht-Selbst-Themen der offenen Milz, weil es ihr einziges offenes Zentrum war. Demnach war der Hang zu übertreiben besonders ausgeprägt bei ihr. Durch ihr Suchtpotential ließ sie sich von ihrem Ehemann zum Tablettenmissbrauch verleiten. Weitere Beispiele für Alkohol- und Drogenmissbrauch bei einem offenen Milz-Zentrum sind unter anderem Harald Juhnke, Michael Jackson und Mick Jagger.

Beispiele für beziehungsabhängige Frauen im öffentlichen Leben mit nicht definiertem Milz-Zentrum gibt es viele. Als da wären die Schauspielerinnen Marylin Monroe und Maria Schell, die an ihrer Einsamkeit zerbrachen.

Tina Turner lebte viele Jahre in Abhängigkeit von ihrem schlagenden Ehemann Ike. Als sie sich von ihm trennte, startete ihre einzigartige Solo-Weltkarriere.
Den Glaubenssatz: „Es kommt nichts Bessere nach" sollten sich die Menschen mit offenem Milz-Zentrum aus dem Poesiealbum streichen, wie das Beispiel von Tina Turner deutlich macht.

Unter Menschen mit offenem Milz-Zentrum finden wir viele, die jahrzehntelang mit dem gleichen Partner zusammen sind. Diese Menschen laufen nämlich nicht so schnell davon.

Prominente Beispiele sind Dietmar Schönherr, Senta Berger und Jürgen Klinsmann.

Wir finden aber auch hier die Bereitschaft, eine Beziehung nach der anderen einzugehen, sobald die bestehende gescheitert ist. Beispiele dafür sind der „Rolling Stone" Mick Jagger, der existenzialistische Autor Albert Camus und der einstige Tennisprofi Boris Becker.

Als auffallend beziehungssüchtig erscheint der US-Schauspieler Tom Cruise. Seine bisherigen Ehen scheiterten an seiner besitzergreifenden Art, wie in der Regenbogenpresse zu lesen war.

Arnold Schwarzenegger hat mit dem offenen Milz-Zentrum einen tief beeindruckbaren Körper. Während seiner Zeit als Bodybuilder und „Terminator" schluckte er über Jahre hinweg Anabolika zum Muskelaufbau. Seine spätere Herzklappenoperation wurde als Folge des Anabolika-Missbrauchs angesehen.

Hier finden wir als gute Körperdiagnostiker die begnadeten Ärzte Edward Bach, der die Bachblüten kreierte und den renommierten Krebsarzt Julius Hackethal. Durch die große körperliche Sensibilität finden wir hier aber auch die Hypochonder, Menschen, die die Krankheiten, von denen sie umgeben sind, bei sich selbst spüren, mit der Gefahr, dass sie selbst krank werden. Als da wäre Harald Schmidt als bekennender Hypochonder.

Sehr beeindruckend können Menschen sein, die ein gänzlich offenes Milz-Zentrum haben ohne schlummerndes Tor. Wenn sie sich ihren Existenzängsten stellen, werden sie zunehmend mutiger. Wir finden hier die furchtlosesten Menschen überhaupt, weil sie kein Gefahrenbewusstsein haben.

Dazu gibt es beeindruckende Beispiele, so den bereits verstorbenen Stuntman Evel Knievel mit seinen spektakulären Stunts und den Schweizer Hochseilartisten Freddy Knock, der knapp einen Kilometer lang auf dem Seil der Zugspitzbahn balancierte.

Ein weiteres Beispiel ist der südamerikanische Freiheitskämpfer Ernesto Che Guevara, der den Arztkittel gegen die Waffen eines Guerilleros tauschte und jung starb.

Offener Solar Plexus

Wenn du die Geduld hast zu warten,
wird das trübe Wasser langsam klar.

[Laotse]

Das weiße Dreieck unten rechts ist der Solar Plexus beziehungsweise das Emotional-Zentrum. Hier geht es um die Welt der Gefühle. Alle Emotionen sind hier versammelt von Hoffnung, Freude, Schmerz über Trauer bis hin zu Erwartung, Enttäuschung und so fort.

Menschen mit offenem Solar Plexus wissen sich im Allgemeinen freundlich und ansprechend zu präsentieren. Sie fühlen sich allerdings immer so wie ihre Umgebung, denn sie nehmen die unterschiedlichen Emotionen aus dem Außen auf und verstärken diese.

Sitzt zum Beispiel in der U-Bahn ein übel gelaunter Mensch neben Ihnen, nehmen Sie seine Stimmung auf und sind sogar noch schlechter gelaunt als Ihr U-Bahn-Nachbar. Treffen Sie anschließend eine fröhlich gelaunte Bekannte, werden Sie ihre gute Laune aufnehmen und bester Stimmung sein.

Ein Mensch mit offenem Solar Plexus empfindet die Stimmungen der Umgebung so intensiv, dass er alles tut, damit sich die anderen wohl fühlen. Um Konflikte zu vermeiden, sagen sie sogar die Unwahrheit. Diese Menschen geben zum Beispiel nicht zu, dass es ihnen schlecht geht, nur um den Partner nicht zu beunruhigen. Doch wenn sie alleine sind, sind sie emotional kühl und nüchtern.

Sie führen ein geheimes Leben und entwickeln eine freundliche Maske, hinter der alle Verletzungen versteckt werden, so lange, bis ein Tropfen das Fass zum Überlaufen bringt. Dann erfolgt aus scheinbar nichtigem Anlass die Explosion, und man erntet großes Unverständnis in seiner Umgebung. Darunter leidet der Mensch mit dem offenen Solar Plexus sehr, so dass er in Zukunft wieder jedem Konflikt aus dem Weg geht.

Menschen mit offenem Solar Plexus sind die ewigen Lächler, die eine Maske der Freundlichkeit und Harmlosigkeit zur Schau stellen, denn sie haben früh gelernt, ihre wahren Emotionen zu verbergen. Das war ihre Überlebensstrategie in der Kindheit: Sobald sie die schlechte Laune ihrer Eltern widerspiegelten, wurden sie dafür bestraft, und so lernten sie, sich zurückzuziehen und Gefühle zu verbergen.

Um die schlechte Laune oder die Traurigkeit der anderen nicht spüren zu müssen, entwickelt das emotional offene Kind sehr schnell die Fähigkeit, den Eltern und Freunden eine heile Welt vorzugaukeln. Man ist ein braves Kind und erzählt nicht, wenn es einem schlecht geht.

Im offenen Solar Plexus finden wir die perfekte Show. Kaum jemand erscheint emotionaler als ein emotional offener Mensch. Wir finden hier die Dramatiker, die aus Mücken Elefanten machen können und emotional hoch gehen, zutiefst leiden und unendlich begeistert sein können wie kaum ein anderer. Dabei bemerken weder sie selbst noch das Umfeld, dass sie lediglich der Spielball der Emotionen anderer sind.

Sie kennen das bestimmt, dass Sie denken: „Ich weiß, ich muss jetzt noch diese und jene Aufgabe bewältigen, damit alle glücklich sind. Auf diese Art und Weise mach ich es allen recht und jeder kann sehen, was für ein netter Mensch ich bin!“ Solche Gedanken beeinflussen Ihre Entscheidungen sehr und Sie merken gar nicht, wie Sie sich Pflichten aufbürden, die nicht Ihre sind. Sie können sogar so weit gehen, dass Sie Nachteile für sich in Kauf nehmen und sich selbst verleugnen, und das alles nur, um niemandem weh zu tun. Wenn irgendwie möglich, gehen Sie Konfrontationen aus dem Weg. Entsteht trotzdem Streit – und das ist unvermeidbar, wenn Sie mit anderen Menschen zu tun haben – werden Sie von Schuldgefühlen gequält.

Hören Sie auf, darüber nachzudenken, wen Sie mit Ihrer Entscheidung verletzen könnten. Sie sollten sich nicht daran orientieren, wie sich jemand anderer damit fühlen wird, sondern lernen, rechtzeitig in die nötige Auseinandersetzung zu gehen. Es wird anstrengend für Sie bleiben, Konflikte auszuhalten und heißt nun nicht, dass Sie jeden Konflikt austragen müssen. Aber sobald es um Sie selbst und Ihre eigenen Belange geht, die Ihnen wichtig sind, ist Auseinandersetzung mit anderen unumgänglich.

Wenn Sie ein offenes Emotional-System haben, sollten Sie sich in Ihrem Leben niemals an Gefühlen orientieren. Sie dürfen sich nicht mit Ihren Emotionen identifizieren, denn diese Gefühle sind nicht Ihre eigenen. Ihr Verstand wird zwar immer Gründe finden für Ihre momentanen Gefühle. Aber die wahren Gründe für Ihre jeweiligen Emotionen sind stets im außen zu finden.

Solange Sie sich mit den Emotionen, die nicht Ihre sind, identifizieren, bringt das sehr viel Verwirrung in Ihr Leben und mancher Mensch landet beim Psychotherapeuten, weil er meint, er habe Probleme mit seinen Gefühlen.

Sie sollten folglich auch nie Entscheidungen treffen, wenn Sie starke Emotionen spüren zum Beispiel sehr glücklich sind oder sehr wütend oder sehr traurig, auch nicht, wenn Sie nervös sind, auch nicht wenn sie sich gerade verlieben oder wenn Sie eifersüchtig sind. Sonst lassen Sie sich zu etwas hinreißen, das Sie hinterher dann sehr bereuen.

Wichtig ist es für Sie, dass Sie sich in einer emotional angenehmen Umgebung aufhalten. Wenn Sie beispielsweise in einer Firma arbeiten, in der schlechtes Betriebsklima herrscht, würde Sie das auf Dauer stark belasten.

Ihr offener Solar Plexus ist ein Geschenk, denn Sie fühlen, wie es anderen emotional geht. Hier sind Sie der geborene Psychologe. Außerdem kennen Sie Nüchternheit genauso wie Feinfühligkeit und das Erleben intensivster Gefühle aller Art. Niemand kann mehr lernen über tiefe Gefühle als ein emotional offener Mensch.

Sie sollten sich von Zeit zu Zeit fragen: Will ich es immer noch allen recht machen?

Zitate:
„Ich kann augenblicklich streiten, gehe aber nicht in die Klärung."
„Meine Emotion schießt schnell hoch wie ein Geysir und ist schnell wieder unten."

Prominente Beispiele mit offenem Emotional-Zentrum:
Da sich Menschen mit offenem Solar Plexus sehr gut mit Emotionen auskennen, sind sie die geborenen Schauspieler, die alle möglichen Gefühle zum Ausdruck bringen können. Deswegen haben die meisten Schauspieler ein offenes Emotional-System.

Es gibt viele Beispiele dafür; im Folgenden möchte ich nur einige nennen: Mia Farrow, Maria Schell, Anthony Hopkins, Patrick Swayze, Yul Brynner, Marlene Dietrich, Robert Redford, Ulrich Mühe, Meryl Streep, Kevin Costner, Sissy Perlinger, Diane Keaton, Till Schweiger und viele mehr.

Die perfekte Show des Menschen mit offenem Emotional-Zentrum wird auch überzeugend demonstriert von Arnold Schwarzenegger, dem österreichischen Bodybuilder und Schauspieler, der in Kalifornien, dem Staat der Schauspieler und Selbstdarsteller zum Gouverneur gewählt wurde.

Das einstige französische Präsidentenpaar Nicolas Sarkozy und Carla Bruni ist mit seinen offenen Emotional-Zentren das erste Präsidentenpaar mit Starqualität gewesen. Dass der frühere italienische Präsident Silvio Berlusconi mit dem offenen Solar Plexus den beiden in Punkto Selbstinszenierung in nichts nachstand, ist offensichtlich.

Udo Walz brachte es mit seinem lausbübischen Lächeln zum Friseur der Schönen und Reichen.

Der Himalaya-Erstbesteiger Edmund Hillary erntete überall Sympathiepunkte durch seine freundliche Wesensart, auch bei der englischen Königin, die ihm den Adelstitel verlieh.

Menschen mit offenem Solar Plexus haben ihre Emotionen nicht immer unter Kontrolle. Niemand kann so ausrasten und so extrem wütend werden wie diese Menschen. Am besten erleben wir das in der Öffentlichkeit bei Sportlern mit nicht definiertem Solar Plexus.

Die Fußballer Oliver Kahn, Franz Beckenbauer, Zinédine Zidane und Giovane Elber sind die ewig großen Jungen, die so lieb lächeln können und hin und wieder zu heftigen Wutausbrüchen neigen.

Das offene Solar Plexus Zentrum kann sein Geld in der Unterhaltungsbranche verdienen; nicht nur Sport dient unserer Unterhaltung, sondern auch Musik. So verdienen beispielsweise Madonna und Elton John Millionen, weil sie uns musikalisch Emotionen verkaufen.

Vincent van Gogh, dessen Wutausbrüche zu seinem Markenzeichen wurden und sich in seinem schnellen, leidenschaftlichen Pinselstrich wiederfinden, könnte heute nach dem Marktwert seiner Bilder ein sehr reicher Mann sein.

Die Öffentlichkeit ist voll von Menschen mit offenem Solar Plexus. Der offene Solar Plexus kann aber auch sehr cool sein, insbesondere wenn er alleine ist.

Zweierlei spiegelt uns die deutsche Bundeskanzlerin Angela Merkel wider, das nette freundliche Mädchen auf der einen Seite, das vermeidet, sich allzu sehr festzulegen, um ja nicht Sympathie einzubüßen und die coole Machtpolitikerin, die durchaus weiß, was sie will.

Niemand ist zu größerem Mitgefühl fähig als ein Mensch mit nicht definiertem Solar Plexus. So wurde der Urwalddoktor Albert Schweitzer zum berühmtesten Entwicklungshelfer der Welt, und Mutter Teresa konnte das Leid der Armen in Kalkutta nicht länger ertragen, so dass sie anfing, tatkräftig Hilfe zu leisten.

Unter den Menschen mit offenem Solar Plexus finden wir die fähigsten Psychologen. Alles über die Psyche zu lernen, das ist die Gabe eines offenen emotionalen Systems, als da wären der Individualpsychologe Alfred Adler und der indische Guru Osho Baghwan, der studierter Psychologe war und die Psyche der übersättigten sinnentleerten westlichen Menschen besser nachempfinden konnte als irgendjemand sonst.

Offenes Sakral-Zentrum

Nimm deine natürlichen Reaktionen an und sieh,
wie alles seinen Platz findet.
[Laotse]

Das zweite Zentrum von unten, das weiße Quadrat, ist das Sakral-Zentrum. Es ist das Zentrum, das die 70% der Generatoren definiert haben, und es ist das Zentrum der Schaffenskraft, der Vitalität, der Fruchtbarkeit und der Sexualität. Das angelegte Sakral-Zentrum ist ein enorm kraftvoller Motor.

Offenheit bedeutet, dass die Schaffenskraft schwankt, je nachdem, welche Einflüsse in der Umgebung das Sakral-Zentrum definieren oder eben auch nicht. Menschen mit offenem Sakral-Zentrum können Tage erleben, an denen sie sehr viel Energie zur Verfügung haben, dann wird es Tage geben, an denen sie sich kraftlos fühlen. Das heißt, sie können auf Ihre Schaffenskraft nicht bauen. Hier besteht die große Gefahr, sich kräftemäßig zu verausgaben. Mancher will sich hier beweisen, was er alles schaffen kann, und es erweckt auch den Eindruck, dass manchmal scheinbar niemand mehr Energie hat als er. Das kommt daher, weil Menschen mit offenem Sakral-Zentrum sehr leicht über alle Grenzen hinweg gehen. Hier können sie sehr übertreiben: zu viel Arbeit, zu viel Sex, zu viel Kraft verausgaben.

Sexuell wirken Menschen mit offenem Sakral-Zentrum sehr anziehend, und zwar ganz unabhängig davon, ob sie dick oder dünn, ob sie blond- oder dunkelhaarig sind. Es ist vollkommen gleichgültig, wie sie aussehen, es geht um ihre Ausstrahlung. Unsere Sexidole sind Menschen mit offenem Sakral-Zentrum. Das sind nichts weiter als die Projektionen der Generatoren, die in ihnen etwas sehen, das sie gar nicht sind. Denn die Generatoren spiegeln sich in den sakral offenen Menschen und projizieren dann ihre eigene Schaffenskraft und ihre eigene Sexualität.

Sobald Menschen mit offenem Sakral-Zentrum den Raum betreten, werden gerne Themen angesprochen, die mit Sexualität zu tun haben. Ein durchaus spannendes und unterhaltsames Phänomen für den Beobachter. Weniger amüsant ist es, wenn die Ehefrauen der Kollegen auf die Kollegin mit dem offenen Sakral-Zentrum eifersüchtig sind, obwohl sie nicht das geringste Interesse an einem der Männer hat. Oder die Freundin der sakral offenen Frau beobachtet diese mit Argus-Augen, weil sie Angst hat, ihren Partner an sie zu verlieren. Das kommt von ihrer erotischen Ausstrahlung, für die sie nichts kann.

Männer wie Frauen mit offenem Sakral-Zentrum sind oft erstaunt, was ihnen alles in dieser Richtung unterstellt wird. In vielen Fällen ist ihnen ihre Wirkung auf andere nicht bewusst. Auf Grund der endlosen Projektionen können sich Menschen mit offenem Sakral-Zentrum von der Sexualität ganz abwenden, so dass sie einem asketischen Leben den Vorzug geben. Wieder andere können so übertreiben, dass sie sexuell nicht genug bekommen können oder sie nützen ihre erotische Ausstrahlung aus, wenn sie sich dieser bewusst sind, um ihre persönlichen Ziele zu erreichen.

Kinder mit offenem Sakral-Zentrum sind keine Kraft- und Leistungstypen, obwohl sie dazu konditioniert werden, vor allem durch sakral-angelegte Menschen in Ihrer Umgebung, also durch Generatoren. Wenn Eltern ein Kind mit offenem Sakral-Zentrum haben, heißt es zudem, sehr genau darauf zu schauen, wem sie ihr Kind zur Betreuung anvertrauen. Es kann nämlich leicht ein Opfer für Missbrauch werden aufgrund der Projektionen der sakral Definierten. Dann hört man häufig den lapidaren Satz: „Er oder sie hat es so gewollt!“ Es kann zu heterosexuellen wie auch gleichgeschlechtlichen Übergriffen kommen.

Für Sie gilt generell: Sie sind nicht zum schwer Arbeiten auf der Welt. Wenn Sie länger und härter arbeiten, führt das bei Ihnen nicht zu Erfolg, sondern zu Erschöpfung. Sie sollten also – im Gegensatz zu Menschen mit definiertem Sakral-Zentrum – nicht so lange arbeiten, bis Sie müde sind, sondern vorher aufhören. Das fällt Ihnen nicht leicht, da Sie die Tendenz haben, nicht zu wissen, wann es genug ist. Wenn Ihr Sakral-Zentrum nicht definiert ist, sind Sie offen, was die geschlechtliche Identität und die Arbeitskraft angeht. Den Zugang zu dieser Kraft bekommen Sie über andere.

Es wäre für Sie nicht gesund, wenn Sie Ausdauersport betreiben würden. Sie hätten ein echtes Kraftproblem und wären immerzu ausgepowert.

Was Sexualität angeht, sind Sie nicht festgelegt. Deshalb müssen und dürfen Sie Sexualität von andern lernen über Erfahrungen. Sie erleben Ihr Frau-, bzw. Ihr Mann-Sein mit jedem Partner anders, was für einen jungen Menschen sehr verwirrend sein kann. Von den Themen Beziehung und Sexualität sind Sie sehr fasziniert, doch Sie sollten achtsam damit umgehen; in Ihrer Offenheit sind Sie nämlich verletzlich. Auf alle Fälle sollten Sie äußerst wählerisch sein, auf wen Sie sich einlassen.

Mit dem offenen Sakral-Zentrum haben Sie die große Gabe, zu spüren, wie viel Kraft andere haben beziehungsweise welche Art von Kraft andere besitzen und können zum Kraftverwalter der anderen werden.

Sie sollten sich von Zeit zu Zeit fragen: Weiß ich, wann genug ist?

Zitate:
„Ich kann arbeiten wie ein Tier und dann falle ich halbtot ins Bett."
„Heute weiß ich, dass mein früheres Motto: Viel hilft viel! nicht stimmt."

Prominente Beispiele mit offenem Sakral-Zentrum
Zu den prominenten Beispielen mit offenem Sakral-Zentrum, die als Sex-Symbole gelten, zählen unter anderem Brigitte Bardot, George Clooney, Sophia Loren, Tom Cruise, Marylin Monroe, Senta Berger und Brad Pitt.

Das offene Sakral-Zentrum erweckt in seinen Mitmenschen die unterschiedlichsten Erwartungshaltungen. Es sind die Gurus, die ihr Sakral-Zentrum nicht definiert haben, als da wären Ramana Maharshi, Jiddu Krishnamurti, Ra Uru Hu und Osho Baghwan als Beispiele. Dazu gesellen sich auch Demagogen jedweder Couleur, die ihre Anhänger ins Verderben führen können, wie dies Charles Manson und David Koresh als Sektenführer machten. Darunter finden wir auch eine Menge umstrittener Führer wie Mao Tse Tung und Ajatollah Khomeini.

Sexuell und arbeitsmäßig ist hier alles und nichts möglich. Hier finden wir Nonnen genauso wie Huren, und Workoholics ebenso wie Arbeitsscheue.

So erstaunt es wenig, wenn sich ein Jack Nicholson mit offenem Sakral-Zentrum rühmt, mehr als tausend verschiedene Frauen sexuell beglückt zu haben.

Nicht selten erleiden Menschen mit offenem Sakral-Zentrum einen Burnout, begleitet von Hörstürzen und Nervenzusammenbrüchen, weil sie sich fast zu Tode arbeiten. Der Filmregisseur Rainer Werner Fassbinder beispielsweise wurde nicht alt, weil er exzessiv lebte und arbeitete.

Tragische Schicksale findet man immer wieder bei Hochleistungssportlern mit offenem Sakral-Zentrum, wie an anderer Stelle schon erwähnt.

Der Weltklassefußballspieler Diego Maradona zählt zu den traurigen Gestalten, der aufgrund seiner Maßlosigkeit im Genuss von Drogen und Nahrungsmitteln schon einige Male knapp am Tod vorbeischrammte.

Wir finden viele Regisseure mit dem offenen Sakral-Zentrum, wie Steven Spielberg und Kevin Costner. Sie lassen arbeiten beziehungsweise spielen und nützen ihre Gabe, zu spüren, welche Kraft bei den Schauspielern da ist, um die Rollen optimal zu besetzen.

Das offene Sakral-Zentrum ist nicht zum schwer Arbeiten auf der Welt. Bekanntlich lassen auch Politiker arbeiten. Wichtig dabei ist, dass sie die Posten richtig besetzen und erkennen, wo es an Energie fehlt und wo genügend vorhanden ist.
So ist es kein Zufall, dass die Mehrheit der führenden Staatschefs in Europa und in den USA ein offenes Sakral-Zentrum haben. Beispiele dafür sind Cameron, Hollande, Merkel, Putin und Obama.

Dass mächtige Menschen sexy sind, wird durch deren offenes Sakral-Zentrum bestätigt. Ich mache immer wieder die Beobachtung, dass sich Menschen mit offenem Sakral-Zentrum viel mehr erlauben können als andere, weil in sie unaufhörlich Erwartungen gesetzt werden, sonst wären Silvio Berlusconi und George W. Bush wohl kein zweites Mal in das höchste Staatsamt ihrer Länder gewählt worden.

In einer astrologischen Datenbank entdeckte ich die Daten einer Frau, die als eine der kinderreichsten Mütter „gehandelt" wird, die es je gab. Und was hatte sie? Ein offenes Sakral-Zentrum! Hier bestätigte sich wieder einmal mehr der Satz, dass diese Menschen meist nicht wissen, wann genug genug ist.

Offenes Wurzel-Zentrum

Jage nach Gold und Sicherheit,
so wirst du sie nie bewahren können.
[Laotse]

Das weiße Quadrat ganz unten in der Mitte der Körpergrafik ist das Wurzel-Zentrum. Es ist ein Druck- und Stress-Zentrum. Wenn Menschen mit einem offenen Wurzel-Zentrum alleine sind, kennen sie keinen Druck, aber wenn sie einem Menschen begegnen, der das Wurzel-Zentrum angelegt hat, spüren sie Druck und Stress. Denn sie nehmen den Stress Ihrer Umgebung in sich auf und vergrößern ihn. Dabei können sie ruhelos und hektisch werden. Menschen mit offenem Wurzel-Zentrum kennen auch das Gefühl der Unsicherheit in Bezug auf ihre eigene materielle

Existenz. Ihre mentale Sorge, ausreichend Geld zu verdienen, so dass Ihre Existenz gesichert ist, kann groß sein, was andere schwer nachvollziehen können. Sie haben zudem die Neigung, Dinge sehr schnell zu erledigen, weil ihnen etwas Unerledigtes Druck macht. So sind Menschen mit offener Wurzel in Eile, und es passieren dann leicht Pannen und Missgeschicke, und am Ende brauchen sie dann doppelt so lange.

Menschen mit offenem Wurzel-Zentrum kennen auch heftiges Lampenfieber, wenn sie vor Publikum etwas zur Aufführung bringen. Allerdings können sie mit Hilfe dieser Adrenalinkraft dann auch zur Höchstform auflaufen und das Publikum begeistern und mitreißen.

Vor lauter Beeilung kann es passieren, dass Sie mit ihren Fußknöcheln umknicken, und nicht nur das: Sie stolpern über Ihre eigenen Beine, stoßen zum Beispiel im Vorbeirennen mit dem Ellbogen die Blumenvase, die auf der Kommode steht, um.

Diese fällt klirrend zu Boden. Wegräumen und Aufputzen oder alles liegen lassen und gehen? Natürlich holen Sie Putzeimer und Kehrbesen, obwohl Sie schon viel zu spät dran sind. Als die Spuren Ihres Missgeschicks beseitigt sind, stellen Sie vor der Garagentüre fest, dass Sie den Schlüsselbund in der Wohnung vergessen haben. Fieberhaft überlegen Sie: Ist die Balkontür offen? Nein! Wer hat einen Ersatzschlüssel? Ihre Eltern! Aber die wohnen zehn Kilometer von Ihnen entfernt. Hier bewahrheitet sich das Sprichwort: Ein Unglück kommt selten allein. Loriot hätte an der Szene seine wahre Freude gehabt.

Was den Menschen mit der offenen Wurzel antreibt, ist der übereifrige Verstand, der immer fertig sein will und nichts so sehr verabscheut wie unerledigte Aufgaben. Solange Sie den Einflüsterungen des Verstandes folgen, kehrt keine Ruhe ein in Ihr Leben. Denn dieser schreit immer nur: „Du musst das machen und jenes erledigen und wenn du damit fertig bist, musst du noch dies und das und wenn du all das fertig hast, dann musst du ..." Vor lauter Beeilen geraten Sie in Stress und gönnen sich in den seltensten Fällen die Pause, die Sie so nötig hätten.

Gesetzt den Fall, Sie schauen, bevor Sie zur Arbeit gehen, nach, ob Sie neue E-Mails erhalten haben. Sie beantworten alle E-Mails sofort und müssen sich dann sehr beeilen, um noch pünktlich zur Arbeit zu kommen. Deswegen geraten Sie in Stress. Wenn Sie abends nach Hause kommen, schauen Sie erneut in Ihren E-Mail-

Posteingang. Wieder beantworten Sie alle E-Mails auf einmal. Aber eigentlich wollten Sie heute Abend mit Freunden ins Kino gehen. Also müssen Sie sich wieder sehr beeilen. Erneut ist Stress angesagt. Klingt das nicht schrecklich beziehungsweise schrecklich vertraut? Gönnen Sie sich eine Pause! Solange Sie einen Internet-Anschluss haben, wird es unbeantwortete Post in Ihrem Posteingang geben.

Vielleicht bürden Sie sich Aufgaben auf, die gar nicht Ihre sind. Betrachten Sie sich einmal Ihre vermeintlichen Aufgaben unter diesem Aspekt. Viele Erledigungen werden möglicherweise am Ende weg fallen, weil sie dafür nicht zuständig sind. Entschleunigen Sie Ihr Leben und lernen Sie, sich zu entspannen, auch wenn noch so viel Arbeit für Sie ansteht.

Sie können den richtigen Umgang mit Stress lernen und durch Ihre Erfahrungen mit Stress für andere zum Stress- und Schuldner-Berater werden.

Sie sollten sich von Zeit zu Zeit fragen: Bin ich immer noch in Eile, um frei von Druck zu sein?

Zitate:

„Das ganze Leben war bei mir eine Rennerei!"

„Ich bürdete mir Pflichten auf, die gar nicht meine waren, so dass ich unter Dauerstress stand."

Prominente Beispiele mit offenem Wurzel-Zentrum

Menschen mit dem offenen Wurzel-Zentrum können sehr schnell sein, was von Vorteil sein kann, wenn es um flinke Bewegungen geht. Nehmen wir den brasilianischen Fußballspieler Giovane Elber, der flugs am Ball war, aber seine Schnelligkeit manchmal mit schweren Verletzungen bezahlen musste. Ähnlich erging es den Tennisstars Steffie Graf und Boris Becker, deren Karrieren von einer Vielzahl an Verletzungen begleitet wurden.

Das flinke Agieren eines offenen Wurzel-Zentrums erhöht die Unfallgefahr, weil der Einsatz um jeden Preis erfolgen kann. Ein offenes Wurzel-Zentrum verleitet zu vorschnellen Aktionen, die sich hinterher als Fehlschlag entpuppen.

Die Meisterspionin Mata Hari war wahrscheinlich aufgrund ihrer vorhergehenden Erfolge leichtsinnig und handelte unter Druck vorschnell, so dass sie entlarvt und am Ende standrechtlich erschossen wurde.

Ein Mensch mit offenem Wurzel-Zentrum ist weniger geerdet als einer mit definiertem. Mangelnde Erdung kann unter Umständen auch durch eine Ideologie wett gemacht werden, wie wir am Beispiel des einstigen langjährigen kubanischen Staatspräsidenten Fidel Castro sehen, der im Kommunismus seine Verwurzelung gefunden hatte. Alice Schwarzer mit dem nicht definierten Wurzel-Zentrum schlägt Wurzeln in der Frauenbewegung.

Es gehört zum Potential der Menschen mit offenem Wurzel-Zentrum, die Adrenalin-Kraft der anderen Menschen, die ihnen das Wurzel-Zentrum definieren, zu nutzen. Hier finden wir die Bühnen-Künstler, die Ihr Publikum tief beeindrucken können. Beispiele dafür sind der Meister-Pantomime Marcel Marceau, die Schauspieler Orlando Bloom und Hans Clarin wie auch die Sängerinnen Adele und Lana Del Rey und die Musiker und Sänger Bob Dylan und Phil Collins.

Im Nicht-Selbst kennt das offene Wurzel-Zentrum auch das Gefühl der Unsicherheit in Bezug auf die eigene materielle Existenz. So verbrachte die österreichische Schauspielerin Maria Schell ihren Lebensabend mittellos und verarmt. Dem Schauspieler Hans Clarin war auch kein Preis zu hoch, seine Existenz zu sichern. Er gab dem pfiffigen Pumuckl seine Stimme und ruinierte damit im Laufe der Jahre seine Stimmbänder.

Die Fallstricke der offenen Zentren

Wenn Sie erstmals von den Nichtselbst-Strategien Ihrer nicht definierten Zentren erfahren, kann Sie das durchaus beeindrucken, weil Sie sich wiedererkennen nach dem Motto: „Ja, genau, das bin ich!" Sie glauben, Sie haben nun das perfekte Mittel gefunden, um alles richtig zu machen. Aber lassen Sie sich nicht von Ihrem Verstand austricksen! Denn das Erkennen ist zwar ein Anfang, aber dann beginnt die eigentliche Arbeit der Dekonditionierung, und diese Arbeit kann sich sehr lange hinziehen, weil der Verstand uns stets neue Wahrheiten und Strategien vorgaukelt, die uns immer wieder in alte Fallen laufen lassen. Das offene Ego oder Herz-Zentrum, das die am stärksten konditionierende Kraft besitzt, ist hier besonders raffiniert. Welcher Mensch mit offenem Herz-Zentrum kennt nicht Folgendes oder Ähnliches?

In einer bestimmten Situation wurde bisher immer auf die gleiche, gewohnte Art und Weise reagiert. Nun lernen Sie Human Design und die Nichtselbst-Strategien des offenen Ego kennen. Was geschieht? Ihr Verstand, der Fürsprecher der offenen

Zentren, fängt an zu schimpfen, indem er Ihnen weismachen will: „Ich war ein Trottel! Habe so oft Ja gesagt, obwohl ich Nein meinte."

Dann kommt dieselbe Situation erneut, und Sie sagen „Nein" statt „Ja" und sind unglaublich stolz auf sich, weil sie glauben, endlich Ihr Design zu leben.

Beispielsweise haben Sie schon lange keine Lust mehr, auf Tante Inges Geburtstagsfeier zu gehen, obwohl Sie Tante Inge mögen. Sie kennen Human Design und wissen jetzt, dass Sie der Tante Inge nicht länger beweisen müssen, was für ein netter und pflichtbewusster Mensch Sie sind. Also bleiben Sie von der Feier weg. Mit dieser Entscheidung geht es Ihnen nicht wirklich gut. Den ganzen Tag denken Sie an Tante Inge mit schlechtem Gewissen. Zufällig fahren Sie an Ihrem Haus vorbei und täten jetzt nichts lieber als kurz zu ihr zu schauen. Aber nein, Sie haben sich ja anders entschieden.

Einmal mehr trafen Sie eine Verstandes-Entscheidung, denn Ihr Verstand wollte als Erfüllungsgenosse Ihres offenen Ego sich und anderen beweisen, dass er „Nein" sagen kann. Der Verstand ist nicht immer leicht zu durchschauen und führt uns so gerne aufs Glatteis, sobald es um uns und unser Leben geht.

Ein Abweichen von Gewohntem heißt noch lange nicht, sich korrekt zu entscheiden. Die einzige „Rettung" aus dieser Falle lautet: Korrekt sein, indem Sie Ihren Typ, Ihre Strategie und Ihre innere Autorität respektieren.

Wenn wir uns bei dem Gedanken ertappen: „Oh, da war ich korrekt!" gekoppelt mit einem Hauch von Selbstgefälligkeit, dann ist Misstrauen angesagt. Aber bitte darüber nie den Kopf zerbrechen! Beobachten Sie Ihre Gedanken und geben Sie mental Ruhe. So werden Sie immer öfter über Ihre Gedanken schmunzeln.

Haben Sie ein offenes Kopf-Zentrum, ein offenes Herz-Zentrum, ein offenes Sakral-Zentrum und/oder ein offenes Wurzel-Zentrum, sollten Sie ganz besonders darauf schauen, ob Sie korrekt entscheiden oder sich von Ihrem Umfeld treiben lassen. Diese Menschen sind nämlich ganz besonders gefährdet, an einem Burnout zu erkranken. Warten Sie's ab, eine neue Herausforderung, mit der Chance richtig zu entscheiden, kommt schneller als Sie denken.

E | Welche Anlagen haben Sie?

Lebe – und du wirst die lebendige Wahrheit herausfinden.
[Krishnamurti]

Die Bedeutung der definierten Zentren[13]

Was bedeutet ein definiertes Zentrum allgemein?

Nun ist es an der Zeit, dass wir uns den konkreten Anlagen zuwenden. Anfangen möchte ich mit den definierten Zentren. Die definierten, farbigen Zentren, das sind alle die Zentren, die durch Kanäle miteinander in Verbindung stehen. Die farbigen Zentren mit den definierten Kanälen zeigen uns, was in uns dauerhaft und verlässlich ist. Hier sind wir festgelegt auf ganz bestimmte Eigenschaften.

Mit diesen Zentren können Sie sich getrost identifizieren. Das sind die Bereiche, die Ihnen vertraut sind im Umgang mit sich selbst.

Definierte Zentren sind wie Sender. Sie schicken ihre Energie in die Welt.

Zusammenfassend sei hier noch einmal der Aufbau der Körpergrafik erklärt: In jedem unserer Zentren befinden sich mehrere Tore. Jedes Tor entspricht einem der 64 Hexagramme des I-Ging. Sie erinnern sich, dass wir für die Körpergrafik die Planetenstände zum Geburtszeitpunkt und 88 Sonnentage vor der Geburt heranziehen. Durch die jeweiligen Planetenstände erhalten wir die entsprechenden Hexagramme beziehungsweise Tore in den Zentren der Körpergrafik. Wenn zwei gegenüberliegende Tore aktiviert sind, bilden sie einen Kanal, der zwei Zentren miteinander verbindet. Dabei werden dann auch die Zentren eingefärbt, die als feste Anlage zur Verfügung stehen. Diese farbigen, definierten Zentren sind auch die Orte, wo Sie aus sich selbst lernen, indem Sie von sich auf die anderen schließen.

Wenn in Ihrem Rave Chart bestimmte Definitionen nicht vorhanden sind, heißt dies aber nicht, dass Sie niemals die Erfahrung machen, wie sich ein bestimmter Kanal oder ein bestimmtes Zentrum definiert anspüren. Diese Verbindung kann nämlich auch durch Planetentransite oder durch Personen von außen entstehen, die Ihnen ein sogenanntes Brückentor bringen. Immer dann nämlich, wenn Sie in einem Umfeld sind, welches dieses Brückentor besitzt. In diesem Fall besteht die Definition allerdings nicht dauerhaft, sondern nur für den Zeitraum des Transits oder des Kontakts mit der Person, die das Brückentor hat.

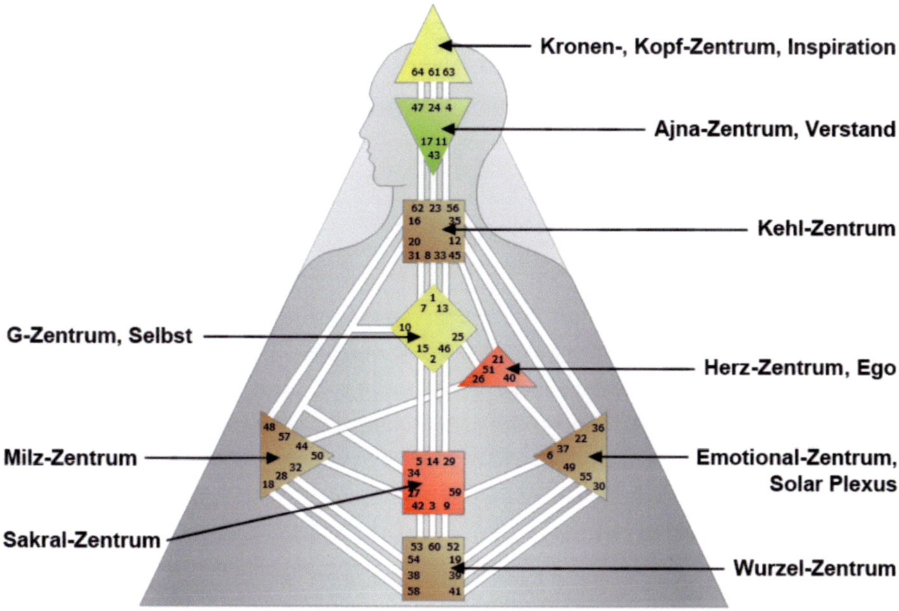

Definiertes Kopf-Zentrum

Im Kopf-Zentrum befinden sich die Inspiration und der Druck zum Denken und Nachdenken. Die Gedanken können aber nur dann zum Ausdruck gebracht werden, wenn der Kopf über definierte Kanäle eine Verbindung zum Kehl-Zentrum hat. Das Kopf-Zentrum kann lediglich mit dem darunter liegenden Verstand in unmittelbarer Verbindung stehen und zwar über drei Kanäle. Links und rechts am Kronenzentrum liegen zwei kollektive Kanäle, die beide visuell ausgerichtet sind: der logische Kanal 63-4, der zukunftsorientiert ist und der abstrakte Kanal 64-47, der vergangenheitsorientiert ist.

In der Mitte befindet sich der Kanal 61-24 aus dem Schaltkreis des Wissens, der akustisch ist, individuell und kreativ. Bei diesen Menschen spielt häufig Musik eine große Rolle im Leben.

Diese drei angesprochenen Definitionen sind vorsprachlich. Wenn sie keinen Auslass in der Kehle finden, dreht sich das mentale Gedankenrad, das auch nur dann mentale Entlastung erfährt, wenn der betreffende Mensch unter Leute geht. Diese braucht er nicht einmal persönlich zu kennen. Es genügt die Aura anderer Menschen, zum Beispiel im Kino, im Kaufhaus oder im Café. Nur so hört das Grübeln und Reflektieren auf, entweder weil der Mensch eine Antwort gefunden hat oder weil ihn das Thema nicht mehr interessiert.

Wenn Sie Anlagen im Kopf -Zentrum haben, können Sie andere Menschen enorm inspirieren. Die organische Entsprechung des Kopf-Zentrums ist die Zirbeldrüse.

Definiertes Verstandes-Zentrum

Wenn Sie das Verstandes-Zentrum angelegt haben, können Sie ihre Denkmaschine nicht einfach abstellen, wie sie es vielleicht gerne möchten. Sie sind auf eine bestimmte Art des Denkens festgelegt, was Sicherheit bedeutet, aber auch Beschränkung.

Ihr definierter Verstand kann andere Menschen mental anregen mit seinen Meinungen, Einsichten und Ideen, nachdem eine Einladung oder Aufforderung dazu erfolgt ist. Sinn und Zweck eines definierten Verstandes-Zentrums ist es, mit anderen Menschen in Dialog zu treten und sich auszutauschen. Persönliche Entscheidungen sollten allerdings nie aus dem Verstand kommen, denn sie führen in die Irre. Der Verstand hat nämlich keine Autorität für unser Leben. Er wird zu allem seinen Senf dazu gaben, weil er sich nicht einfach abstellen lässt. Sie können nur eines tun: Ihn nicht mehr so ernst nehmen. Und wie? Indem Sie nicht mehr mit dem Verstand Entscheidungen fällen, sondern aus dem Körper heraus entsprechend Ihres Typs und Ihrer inneren Autorität. Der Verstand kann nämlich für alles Argumente finden, für den weg A genauso wie für den Weg B. Entscheiden Sie sich schließlich für A, malträtiert er Sie ewig damit, warum Sie sich nicht für B entschieden haben, wodurch Sie sich Schuldgefühle und schlaflose Nächte einhandeln können.

Wenn Sie sich korrekt entscheiden, wird der Verstand mit der Zeit ruhiger. Er kann und soll beobachten. Das kann er auch wirklich gut, aber aus Entscheidungen muss er sich heraushalten. In Meditationen, bei denen nicht gedacht werden soll, tun Sie sich mit dem definierten Verstand schwerer als Menschen, die ihn offen haben.

Ihr definierter Verstand ist lernfähig, indem Sie sich geistig mit Dingen beschäftigen. So ein Verstand kann unheimlich schnell werden, und künftig immer weniger Zeit zum Lernen brauchen. Menschen, die nur den Verstand definiert haben bei offenem Kopf-Zentrum, gelten als Intellektuelle. Das Ajna-Zentrum steht mit der Hypophyse und dem Neokortex in Verbindung.

Definiertes Kehl-Zentrum

Im definierten Kehl-Zentrum findet Umwandlung, Transformation statt. Das Kehl-Zentrum ist das komplexeste mit seinen elf Toren. Alle Ströme, alles endet hier in der Kehle, denn in der Kehle wird manifestiert durch Reden und/oder Handeln.

Jedes Tor in der Kehle hat eine bestimmte Stimme. Ist Ihre Kehle zum Beispiel über einen Kanal mit dem Verstand verbunden, sprechen Sie mental, oder wenn Ihre Kehle mit dem Solar Plexus verbunden ist, dann sprechen Sie emotional.
Tore des Handelns sind diejenigen, die zu einem Motor hinzeigen. Das sind die Tore 20, 45, 12 und 35.

Wenn Sie bedenken, dass elf Tore sprechen können und nur vier davon das zusätzliche Potential des Handelns besitzen, erstaunt es wenig, dass in unserer Gesellschaft viel mehr gesprochen als gehandelt wird. Das liegt also in der menschlichen Biologie begründet und zeigt gleichzeitig an, dass der Mensch biologisch so ausgestattet ist, erst zu reden und dann zu handeln und nicht umgekehrt. Das Kehl-Zentrum ist mit der Schilddrüse und der Nebenschilddrüse verbunden.

Definiertes G-Zentrum

Sie haben ein festes Potential für Liebe und Richtung, dem Sie vertrauen müssen. Außerdem besitzen Sie einen eingebauten Zugvogel-Kompass. Sie gehen nicht so schnell verloren weder im wörtlichen noch im übertragenen Sinne.

Sie verlassen sich auf den Weg, den Sie kennen, im Gegensatz zu den Menschen mit dem offenen G-Zentrum, die immer wieder neue Wege ausprobieren und dabei auf den perfekten, den direkten oder kürzesten Weg stoßen können, aber nicht selten zuerst einen Irrweg oder Umweg einschlagen. Das definierte G-Zentrum gibt Sicherheit, das offene G-Zentrum eröffnet ungeahnte Möglichkeiten, wenn es denn korrekt gelebt wird und nicht krampfhaft an einem bestimmten Weg festgehalten wird. Sie verfügen über einen festen Weg der Selbsterfahrung, den Sie entsprechend Ihres angelegten Kanals gehen müssen, andernfalls belasten Sie ihre Leber. Organisch entspricht das G-Zentrum der Leber und dem Blut.

Definiertes Herz-Zentrum

Wenn Sie über das definierte Herz-Zentrum beziehungsweise Ego verfügen, haben Sie beständige Willenskraft. Sie wollen und können ihren Willen durchsetzen. Wenn Sie permanent daran gehindert werden, insbesondere in jungen Jahren, können Sie krank werden. Für Sie gilt der Spruch: „Wo ein Wille ist, ist auch ein Weg." Auf Sie kann man sich verlassen.

Wenn Sie Versprechen abgeben, sollten Sie diese halten, denn sonst wird Ihnen von anderen Menschen das Vertrauen entzogen, auch Ihr Selbstwertgefühl würde darunter leiden.

Sie können Ihre Ziele verfolgen, ohne dass Sie sich ablenken lassen von anderen. Das bringt natürlich Erfolg im Leben. Das Ego ist die materielle Zentrale im Stammes-Schaltkreis. Hier geht es um das materielle Überleben des Stammes.

Wer ein definiertes Herz-Zentrum hat, versteht es im Allgemeinen problemlos, sich und seine Fähigkeiten, die vielleicht gar nicht oder nur partiell vorhanden sind, in ein positives Licht zu stellen, so dass man andere leicht von sich überzeugen kann. Wir können hier auf sogenannte "dicke Egos" treffen.

So sehr die Menschen mit definiertem Ego auf eindrucksvolle Weise ihrer Willenskraft Ausdruck verleihen können, brauchen sie immer wieder Pausen, denn das Ego ist der schwächste Motor und nicht auf Ausdauerleistung angelegt. Das Herz-Zentrum hat seine Entsprechung in der Thymusdrüse.

Definiertes Milz-Zentrum

Das Milz-Zentrum ist das älteste Wahrnehmungszentrum, das es gibt. Es ist Millionen Jahre alt und repräsentiert unser Körperbewusstsein mit seinem Immunsystem. Alle Tiere haben ein definiertes Milz-Zentrum. Deswegen können sie sich auf ihren Instinkt verlassen. Für die Tiere und die ersten Menschen war das Milz-Zentrum überlebenswichtig, denn sie mussten den Waldbrand riechen. Das Milz-Zentrum hat nämlich zu tun mit Riechen, Hören und Schmecken. Das Milz-Zentrum verfügt über Instinkt, Intuition und Witterung und entscheidet immer spontan im Jetzt aus dem Impuls heraus. Es hat eine zarte Stimme und meldet sich immer nur einmal. Das ist die Schwierigkeit für die Menschen, die ihre innere Autorität im Milz-Zentrum haben. Denn der Verstand, der zwar langsamer reagiert als das Milz-Zentrum, ist mit seiner Stimme viel lauter und übertönt nur allzu leicht die leise Stimme des Milz-Zentrums.

Wenn Sie ein definiertes Milz-Zentrum haben, haben Sie normalerweise von der Anlage her die gute Gesundheit. Auch gehören Sie zu den Menschen, die sich aus sich selbst heraus wohl fühlen und anderen das Gefühl der Geborgenheit geben können. Deswegen können sich Menschen mit offenem Milz-Zentrum von Ihnen abhängig fühlen.

Es kann sein, dass Sie die ungute Neigung haben, auf andere zu projizieren nach dem Motto: Was mir gut tut, muss dir auch gut tun! Hier heißt es, vorsichtig zu sein mit Projektionen. Was für Sie gut ist, muss nicht für andere gut sein, da wir alle sehr individuell angelegt sind. Das Milz-Zentrum entspricht dem Lymphsystem und der Milz.

Definiertes Solar Plexus-Zentrum

Der Solar Plexus beziehungsweise das Emotional-Zentrum ist das Bauchhirn. Dort sind alle Emotionen versammelt von Hoffnung über Schmerz, Freude und Trauer, Erwartung und Enttäuschung.

Im Solar Plexus wird alles in Wellen durchlaufen. Es dauert, bis eine Welle durchlaufen ist, mal kürzer, mal länger. Deshalb wissen Sie, wenn Sie über den definierten Solar Plexus verfügen, dass Traurigkeit vergeht, aber dass auch Freude wieder vorbei geht. Das kann sehr tröstlich sein, wenn Sie sich schlecht und unglücklich fühlen.

Der Solar Plexus ist ein starker Motor, der alles überrennen kann, deshalb auch das Kind mit dem Bade ausschütten kann. Aus diesem Grund gibt es für Menschen mit dem definierten Solar Plexus keine Wahrheit im Jetzt, das heißt: Entscheidungen müssen reifen, dürfen nie aus dem Augenblick heraus gefällt werden. Erst müssen mehrere emotionale Eindrücke gesammelt werden, bis ein Gesamteindruck entsteht.

Zeit ist für Sie der größte Verbündete. Erst wenn alle Nervosität verschwunden ist, kann die korrekte Entscheidung getroffen werden. Wenigstens sollten Sie ihre Entscheidung eine Nacht überschlafen. Ungefähr jeder zweite Mensch verfügt über ein angelegtes Emotional-Zentrum. Das bedeutet: Für diese Menschen ist der Solar Plexus die innere Autorität, so dass es für sie korrekt ist, ihre Entscheidungen abzuwarten.

Ein definierter Solar Plexus bringt viel Farbe und Abwechslung, Genuss und Freude, Leidenschaft und Begeisterung in unser aller Leben. Aber genauso bringt er Trauer und Leid, Abscheu und Ekel, Hass und Zorn in unseren Alltag. Denn wir leben in einer dualistischen Welt, in der es immer nur beide Seiten einer Medaille gibt. Mit definiertem Emotional-Zentrum sind Sie der Stimmungsmacher und geben Ihre Gelauntheit an die Mitmenschen weiter. Da wäre es kein Fehler, in den Rückzug zu gehen, wenn Sie schlecht aufgelegt sind. Andernfalls leiden nicht nur Sie, sondern auch die Menschen in Ihrer Umgebung mit dem offenen Emotional-Zentrum. Dem Solar Plexus werden die Nieren, die Bauchspeicheldrüse, die Prostata, die Haut sowie auch die Nerven und das vegetative Nervensystem zugeordnet.

Definiertes Sakral-Zentrum

Wer das Sakral-Zentrum definiert hat, ist entweder Generator oder Manifestierender Generator. Bei definiertem Sakral-Zentrum haben Sie Ausdauerkraft, vergleichbar mit einem Dieselmotor, der von allen Motoren die größte Dauerleistung erbringen kann. Sie sind voller Vitalität und können fruchtbar sein.

Sie können anderen Menschen Lebenswärme geben. Für das offene Sakral-Zentrum fühlt sich das an wie ein wärmender Ofen.

Im Grunde sind Sie fürs Warten geschaffen, das Warten aufs Reagieren, aufs Antworten aus dem Bauch heraus, wenn Sie nicht immer so ungeduldig wären und ungefragt drauf los rennen würden. Initiieren Sie, erfahren Sie Widerstand, was in Ihnen Frustration erzeugt. Wären die Generatoren korrekt und würden aufs Reagieren aus dem Bauch heraus warten, wäre unsere Welt nicht so voller Frustration, denn ungefähr 70% aller Menschen haben ein definiertes Sakral-Zentrum.

Der klassische Sportler hat ein definiertes Sakral-Zentrum. Als Beispiel werden gerne Tennisspieler erwähnt, da sie mehr als andere Sportler ihre Bauchstimme durch sakrale Laute zum Ausdruck bringen. Bekannt für das Ächzen und Stöhnen auf dem Centre Court waren beispielsweise Boris Becker und Steffie Graf, die beide eine beachtliche Tennis-Karriere hingelegt hatten. Ihr definiertes Sakral-Zentrum ließ sie nie aufgeben, gerade zu Beginn ihrer Karriere. Wenn der Generator keine Fortschritte mehr macht, hilft ihm eine Pause, leider oft erzwungen durch Verletzung. Nach der Genesung kann ein Generator dank seines energievollen Sakral-Zentrums meist mühelos an seine guten Leistungen anknüpfen oder diese sogar noch steigern. Menschen, die über lange Zeit körperlich Unglaubliches leisten können, sind Generatoren.

Bei angelegtem Sakral-Zentrum brauchen Sie im Allgemeinen Bewegung, um gesund zu bleiben. Ein Diesel-Motor läuft auch erst dann zu seiner Höchstform auf, wenn er regelmäßig und ausreichend bewegt wird.

Für Sie ist Arbeit elementar. Die richtige Arbeit bringt Ihnen mit dem definierten Sakral-Zentrum größte Befriedigung und höchste Zufriedenheit. Widmet man sich der falschen Arbeit, ist Frustration an der Tagesordnung. Gelegentlicher Frust schadet nicht, aber Dauerfrust macht krank und lässt den Kraftstoff im Dieselmotor versulzen. Das bedeutet, dass die wertvolle Energie ungenutzt verpufft. Das Sakral-Zentrum findet seine biologische Entsprechung in den Eierstöcken und in den Hoden.

Definiertes Wurzel-Zentrum

Das Wurzel-Zentrum ist ein Druck-Zentrum, das ungeheure Kraft besitzt. Ich vergleiche es gerne mit einem Einspritzmotor, der innerhalb einem Bruchteil einer Sekunde von Null auf Hundert beschleunigen kann, also der abgeht wie einen Rakete.

Wenn dieser Motor angesprochen wird, muss er sehr schnell sein, denn hier geht es immer ums Überleben. Wenn das Haus brennt oder wenn sich die Kobra vor mir aufbäumt, habe ich keine Zeit zum Überlegen, auch keine Zeit zum Zaudern und keine Zeit, meiner momentanen Stimmung zu folgen. Es gibt drei Möglichkeiten: Kämpfen, Stillhalten oder Weglaufen.

Für die ersten Menschen war dieser Motor überlebensnotwendig. Auch uns kann er das Überleben sichern. Er springt augenblicklich an, auch in Situationen, in denen es nicht um unser existenzielles Überleben geht, immer dann, wenn wir unter Stress stehen, wenn Adrenalin in unser System gepumpt wird.[14]

Das nicht definierte Wurzel-Zentrum ist dem Druck seiner Umgebung ausgesetzt und übertreibt darin, dass es zur Hyperaktivität neigt. Sie mit dem definierten Wurzel-Zentrum kennen auch Stress. Aber es ist Ihr eigener Stress, der Druck, den Sie sich selber machen. Unter Druck können Sie gut arbeiten, aber nur wenn es sich um kurzfristigen, angenehmen Stress handelt, den sogenannten Eu-Stress. Außerdem haben Sie ein ganz tief verwurzeltes Urvertrauen in die Welt und in das Leben, das Sie auch anderen vermitteln können. Ihr definiertes Wurzel-Zentrum übt Druck aus auf die Zentren, mit denen es über einen Kanal verbunden ist.

Sie können Menschen mit offenem Wurzel-Zentrum Druck machen, so dass diese ihre Pläne, Vorhaben und Neuerungen umsetzen. Das kann mitunter eine Notwendigkeit sein, um Weiterentwicklung zu gewährleisten, ist daher ein zutiefst menschlicher Prozess, der in der Körperchemie der Menschen begründet liegt. Das Wurzel-Zentrum wird den Nebennieren zugeordnet.

Die Bedeutung der 36 Kanäle im Rave I-Ging

Das Rave I-Ging von Ra Uru Hu ist genauso aufgebaut wie das klassische I Ging, das Richard Wilhelm erstmals aus dem Chinesischen ins Deutsche übersetzte.[15] Die Grundbedeutung der Hexagramme ist dieselbe, nur die Ausdrucksweise ist etwas anders.

Zu Ras Rave I Ging mit den Hexagrammen kommen noch die Kanäle und ihre Bedeutungen dazu. Im Folgenden fasse ich die Kanäle[16] zusammen und anschließend die Tore (Hexagramme)[17] aus dem Rave I Ging.

Die Tore werden durch die Planetenstände zum Geburtszeitpunkt und zum Zeitpunkt 88 Sonnentage vor Ihrer Geburt definiert. Wenn ein Tor definiert ist, sehen Sie das in der Körpergrafik daran, dass es weiß auf dunklem Grund dargestellt ist. Wenn ein Tor ohne das gegenüberliegende Tor angelegt ist, wird der halbe Kanal farbig markiert. Sind zwei gegenüberliegende Tore aktiviert, so ist der ganze Kanal farbig dargestellt. Hier gilt zu unterscheiden, dass Sie nur zu den schwarz eingefärbten Kanälen in Ihrer Körpergrafik bewusst Zugang haben. In diesen Talenten erkennen Sie sich wieder. Die roten Kanäle nehmen die anderen an Ihnen wahr. Diese Wesensmerkmale drücken Sie körperlich aus, ohne dass Sie sich darüber bewusst sind. Diese Qualitäten können Ihnen aber im Laufe des Lebens immer bewusster werden. Und noch etwas: Da alles Leben eine Dualität ist, bestehend aus Yin und Yang, kann es sein, dass Sie Ihre Anlagen leben oder nicht leben.

Wenn Sie sich also in einer Eigenschaft nicht wiedererkennen, könnte es sein, dass genau hier eine verborgene Fähigkeit schlummert, die entdeckt und in die Welt gebracht werden will.

64 – 47 Sie können abstrakt denken und können Antworten
auf die Warum-Fragen finden, die sich aus Lebenserfahrungen ergeben.

61 – 24 Sie haben ein eigenes inneres Wissen und können Gedanken
solange wiederholen, bis ein ganz neuer Gedanke auftaucht.

63 – 4 Sie können logisch denken, wobei Sie sich und andere
mit Ihren Zweifeln und Selbstzweifeln antreiben, um Antworten
auf Ihre logischen Fragen zu finden.

17 – 62 Sie können gut organisieren und sich gut organisieren lassen.

43 – 23 Sie können Ihre inneren Einsichten zum Ausdruck bringen.
Solange Sie nicht verstanden werden, sind Sie der Freak.
Wenn Sie verstanden werden, sind Sie das Genie.

11 – 56 Sie sind der Geschichtenerzähler, der auf der Suche nach Ideen ist,
um Anregungen zu finden, aber auch um diese weiterzugeben an andere.

16 – 48 Sie haben das Talent, sich und andere durch Geschicklichkeit
und logische Tiefe zu begeistern.

20 – 57 Sie haben das intuitive Bewusstsein im Jetzt.
Das heißt: Sie können völlig im Hier und Jetzt sein und darin aufgehen.
Das kann sich auch durch einen Geistesblitz zeigen.

20 – 10 Sie können aufwachen und andere aufwecken,
weil Sie sich höheren Prinzipien verschreiben.

10 – 57 Aufgrund Ihres Verhaltens im Jetzt sind Sie ein Überlebenskünstler,
auch verfolgen Sie Ihre ganz eigene, individuelle Perfektion.

20 – 34 Wenn Sie das machen, was für Sie richtig ist, indem Sie auf Ihren Bauch hören, sind Sie charismatisch. Dann erledigen Sie die Dinge sehr kraftvoll und wie im Schlaf.

10 – 34 Sie können sehr beeindruckend darin sein, kompromisslos
an Ihren Überzeugungen festzuhalten.

57 – 34 Sie können sich, wenn es um Ihr Überleben geht,
mit Macht und Kraft für sich selbst einsetzen.

31 – 7 Sie sind die kollektive Führungspersönlichkeit, im Guten wie im Schlechten.

8 – 1 Sie können einen Beitrag leisten als schöpferisches Rollenvorbild.

33 – 13 Sie sind ein guter Beobachter, auch wenn Sie
in eine Situation involviert sind.

45 – 21 Sie können materiell sehr erfolgreich sein,
wenn Sie der Chef sind oder zumindest ein gleichgestellter Mitarbeiter.

44 – 26 Sie sind ein überzeugender Verkäufer und Übermittler.

12 – 22 Sie können mit Ihrer Kreativität und Anmut die Gesellschaft
für sich selbst und für Neues einnehmen.

35 – 36 Sie gehören zu den Menschen, die Abwechslung brauchen.

25 – 51 Sie sind ein mutiger Mensch, der andere schockiert aber auch schockiert werden kann; dabei können Sie völliges Neuland betreten.

40 – 37 Sie sind ein Gemeinschafts-Mensch, für den es wichtig ist, andere zu unterstützen, aber auch unterstützt zu werden.

5 – 15 Sie brauchen es, feste, aber auch immer wieder extreme Rhythmen auszuleben, um im Fluss zu sein.

2 – 14 Sie können Schlüsselerlebnisse haben, aber auch Schlüsselerlebnisse geben, indem Sie für andere ein Wegweiser sind.

29 – 46 Sie können aufgrund Ihrer Beharrlichkeit Entdeckungen machen.

27 – 50 Sie sind ein fürsorglicher Mensch, sollten sich aber zuerst immer gut um sich selbst kümmern.

59 – 6 Sie haben Sex-Appeal und können zu anderen Menschen Nähe herstellen. Sie erwecken im Allgemeinen einen sympathischen Eindruck.

32 – 54 Sie sind ein ehrgeiziger Mensch, der nach oben kommen möchte.

28 – 38 Sie sind ein Kämpfer, der im Leben Herausforderungen braucht, durchaus auch sportlicher Natur, weil Sie einen Adrenalin-Überschuss haben.

18 – 58 Sie sind ein kritischer Mensch, der Freude an Verbesserungen hat.

19 – 49 Sie sind ein traditionsbewusster Mensch, der seine Ansprüche und Prinzipien hat.

39 – 55 Sie sind ein Romantiker, der tiefe Unentschlossenheit kennt.

41 – 30 Sie sind ein Abenteurer, der es braucht, Erfahrungen zu machen.

53 – 42 Sie brauchen es immer wieder, in neue Erfahrungszyklen einzutreten, die Sie zum Abschluss bringen sollten, aber auch können.

60 – 3 Sobald Sie eine Begrenzung akzeptieren,
kann etwas ganz Neues in Ihr Leben kommen.

52 – 9 Sie können Ihren Körper so ruhig stellen, dass Sie sich auf diffizile Detailarbeit konzentrieren können.

Die Bedeutung der 64 Tore (Hexagramme) im Rave I-Ging

Haben Sie ein Tor in einem offenen Zentrum, dann ist das ein schlummerndes Talent, das nur dann wahrgenommen wird, wenn es von außen geweckt wird. Dies geschieht, sobald Sie in der Aura anderer sind oder wenn eine bestimmte durch aktuelle Transite hervorgerufene Zeitqualität herrscht. Steht das Tor in einem definierten Zentrum, haben Sie Zugang zu dieser Eigenschaft.

1 Tor des Selbstausdrucks – das Schöpferische
Sie besitzen die große Gabe, sich kreativ auszudrücken.

2 Tor des höheren Wissens – das Empfangende
Sie können Richtung finden und geben.

3 Tor des Ordnens – die Anfangsschwierigkeit
Sie besitzen die Kraft für Veränderung und Mutation.

4 Tor des Formulierens – die Jugendtorheit
Sie können mit logischen Antworten betören,
die nicht immer auf Tatsachen beruhen.

5 Tor der fixen Rhythmen – das Warten
Sie brauchen feste Muster; von extremen Rhythmen werden Sie destabilisiert.

6 Tor der Reibung – der Streit
Sie wissen, dass Auseinandersetzung fruchtbar sein kann.

7 Tor der Rolle des Selbst – das Heer
Sie wollen und können die Gesellschaft auf eine ganz bestimmte Art in die Zukunft führen.

8 Tor des Beitragens – das Zusammenhalten
Sie können einen kreativen Beitrag für die Gesellschaft leisten.

9 Tor des Fokussierens – des Kleinen Zähmungskraft
Sie können mit großer Konzentration Detailarbeit leisten.

10 Tor des Verhaltens des Selbst – das Auftreten
Sie haben das Talent, sich authentisch zu verhalten, sollten jedoch Ihr Verhalten nicht zum Maßstab für alle machen.

11 Tor der Ideen – der Friede
Sie nehmen Anregungen auf und können andere anregen.

12 Tor der Vorsicht – die Stockung
Sie sind vorsichtig im Ausdrücken Ihrer individuellen Eigenart, um psychische Verletzungen zu vermeiden.

13 Tor der Zuhörer – Gemeinschaft mit Menschen
Andere Menschen mögen es, Ihnen ihre Erfahrungen mitzuteilen.

14 Tor, geschickt mit Macht umzugehen – Besitz von Großem
Sie verfügen über eine pulsierende Schaffenskraft, die Ihnen immer nur zeitweise zur Verfügung steht.

15 Tor der Extreme – die Bescheidenheit
Sie haben das Talent, flexible Rhythmen auszuleben.

16 Tor der Geschicklichkeit – die Begeisterung
Sie sind geschickt im kunstfertigen Ausdruck
und in wissenschaftlichen Fertigkeiten.

17 Tor der Meinungen – die Nachfolge
Sie haben das Talent, Meinungen logisch zu untermauern.

18 Tor des Korrigierens – Arbeit am Verdorbenen
In Ihrem Bedürfnis nach Korrektur haben Sie das Talent, Fehler zu erkennen.
Sie sollten aber nicht in Kritiksucht und Nörgelei verfallen.

19 Tor der Ansprüche – die Annäherung
Sie sollten stets sensibel sein für die Befriedigung Ihrer grundlegenden
Bedürfnisse nach Wohnung, Nahrung, Berührung, emotionale Nähe, Sex;
sonst können Sie überempfindlich reagieren.

20 Tor des Jetzt – die Betrachtung
Sie können total im Hier und Jetzt sein.

21 Tor des Jäger/der Jägerin – das Durchbeißen
Sie müssen immer die Kontrolle darüber haben, was Sie essen,
wo Sie wohnen, wie Sie sich kleiden. Sonst sind Sie von Ihrer Willenskraft
abgeschnitten. Sie sind der Geschäftsführer, der darum kämpft,
dass die materiellen Bedürfnisse der Gemeinschaft erfüllt werden.

22 Tor der Offenheit – die Anmut
Je nach Stimmungslage können Sie anmutig oder unmutig sein.

23 Tor der Assimilation – die Zersplitterung
Sie können individuelle Einsichten so formulieren, dass sie verstanden werden.

24 Tor des Rationalisierens – die Wiederkehr
Sie haben die Tendenz, wiederkehrend zu grübeln,
können aber dabei zu einer neuen Erkenntnis gelangen.

25 Tor des Spirit des Selbst – die Unschuld
Sie können in aller Unschuld unterschiedslos und bedingungslos
alles lieben, was existiert.

26 Tor der Egoisten – des großen Zähmungskraft
Sie können mit Willenskraft überzeugen, mit dem Ziel,
mit wenig Aufwand viel zu erreichen.

27 Tor der Fürsorge – die Ernährung
Sie haben die Kraft der Fürsorglichkeit, müssen sich
aber immer zuerst gut um sich selbst kümmern.

28 Tor der Spieler – des Großen Übergewicht
Sie gehen Risiken und Herausforderungen im Leben ein, damit Sie
nicht eines Tages sterben, ohne den Lebenssinn gefunden zu haben.

29 Tor des Ja-Sagens – das Abgründige
Sie haben die Kraft, zu Verpflichtungen Ja zu sagen und die Beharrlichkeit,
dabei zu bleiben, auch wenn die Umstände schwierig sind.

30 Tor des Erkennens von Gefühlen – das Feuer
Sie haben das brennende Verlangen, Erfahrungen zu machen und alles
Mögliche auszuprobieren, auch wenn der Ausgang ungewiss ist.

31 Tor des Führens – die Einwirkung
Sie wollen und können auf andere Menschen Einfluss nehmen.

32 Tor der Kontinuität – die Dauer
Sie sind ein bewahrender Mensch, der andere fördern kann.
Sie vermeiden Veränderungen, die jedoch unausweichlich sind.

33 Tor der Zurückgezogenheit – der Rückzug
Sie brauchen immer wieder den Rückzug, um die gemachten Erfahrungen zu verarbeiten. Sie können Geheimnisse aussprechen.

34 Tor der Macht – des Großen Macht
Sie besitzen große individuelle Kraft und Macht, die im besten Falle auch dem Allgemeinwohl dient.

35 Tor der Veränderung – der Fortschritt
Sie realisieren, wann es Zeit wird für eine Veränderung, so dass etwas Neues kommen kann.

36 Tor der Krise – die Verfinsterung des Lichts
Sie wissen, dass Krisen im menschlichen Erfahrungsprozess unausweichlich sind und lernen im Laufe des Lebens, immer souveräner mit Krisen umzugehen.

37 Tor der Freundschaft – die Sippe
Sie sind ein ausgesprochen freundschaftlicher Mensch und sind mit offenen Armen bereit, auch den Außenstehenden zu umarmen. Aber dafür erwarten Sie vom anderen Loyalität.

38 Tor des Kämpfers – der Gegensatz
Sie sind ein kämpferischer Mensch, der sich mit beharrlichem Widerstand gegen Beeinflussung von anderen schützt.

39 Tor des Provokateurs – das Hemmnis
Sie haben die Energie zu provozieren, damit die richtige Geisteshaltung gefunden werden kann.

40 Tor des Alleinseins – die Befreiung
Sie können hart für die Gemeinschaft arbeiten. Aber sobald der Deal nicht mehr stimmt, ziehen Sie den Rückzug und das Alleinsein vor.

41 Tor der Einschränkung – die Minderung
Angetrieben von Hoffnung und Sehnsucht können Sie einen neuen Erfahrungszyklus beginnen.

42 Tor des Wachstums – die Mehrung
Sie brauchen es, Dinge zu einem Abschluss zu bringen, um frei zu sein für etwas Neues.

43 Tor der Einsicht – der Durchbruch
Sie können anderen Menschen nur schwer zuhören, weil Sie das innere Ohr besitzen, das Sie vor äußeren Einflüssen schützt. So können Sie ungestört Ihren inneren Einsichten lauschen.

44 Tor der Wachsamkeit – das Entgegenkommen
Wenn Sie unvoreingenommen sind, verfügen Sie über den guten Riecher, welches Geschäft sich lohnt.

45 Tor des Sammlers – die Sammlung
Sie sind als König/in, Kaiser/in an der Spitze der materiellen Hierarchie. Bei Ihnen sammelt sich materieller aber auch immaterieller Besitz in Form von Bildung und Erziehung.

46 Tor der Entschlossenheit des Selbst – das Empordringen
Sie können Glück haben und eine Entdeckung machen, was das Resultat aus Anstrengung und Beharrlichkeit ist.

47 Tor des Begreifens – die Bedrängnis
Sie können Antworten auf die Warum-Fragen von Lebenserfahrungen finden.

48 Tor der Tiefe – der Brunnen
Wenn Sie geduldig sind, können Sie tiefgreifende Lösungen für logische Prozesse finden, die Sie mit anderen teilen.

49 Tor der Prinzipien – die Umwälzung
Sie sind ein Prinzipienreiter. Wenn jemand die Regeln nicht akzeptiert, können Sie ihn ablehnen und aus der Gemeinschaft ausschließen.

50 Tor der Werte – der Tiegel
Sie setzen sich verantwortungsbewusst für Werte ein, die die Gegenwart und die Zukunft bereichern können.

51 Tor des Schocks – das Erregende
Sie besitzen die Willenskraft, mutig auf Schocks zu reagieren. Auch schaffen Sie es immer wieder, andere Menschen zu schockieren. Sie können melancholisch werden, wenn nichts Aufregendes passiert.

52 Tor des Nichthandelns – das Innehalten (der Berg)
Sie können im Nichtstun Ruhe finden. Das Nichtstun kann selbst auferlegt oder ein von außen erzwungener Druck sein.

53 Tor der Anfänge – die Entwicklung
Sie haben den Druck, etwas Neues zu beginnen. Aber es macht keinen Sinn, Dinge zu beginnen, die man nicht beenden wird.

54 Tor des Ehrgeizes – das heiratende Mädchen
Sie sind ein ehrgeiziger Mensch, weil Sie den Druck haben, materiell erfolgreich zu sein und auf der Karriereleiter nach oben zu kommen.

55 Tor des Geistes – die Fülle
Sie können unentschlossen sein und haben das Potential für Spirit.
Im I-Ging heißt es: Fülle ist ausschließlich eine Frage der Geisteshaltung.

56 Tor der Anregung – der Wanderer
Sie können andere durch Ideen und Geschichten anregen, aber auch durch Erinnerungen und Bilder anderer angeregt werden. Sie lieben es, auf reale wie auf geistige Reisen zu gehen.

57 Tor intuitiver Einsicht – das Sanfte
Durch intuitives Hören bekommen Sie die Informationen, die für Ihr Überleben und Wohlbefinden wichtig sind.

58 Tor der Lebendigkeit – das Heitere
Sie sind ein lebensfroher Mensch, verbunden mit dem Antrieb, Dinge zu verbessern, um ein noch besseres Leben zu haben.

59 Tor der Sexualität - Auflösung
Sie haben durch Ihre Aura das Talent, Nähe zu anderen Menschen herzustellen.

60 Tor des Akzeptierens – die Beschränkung
Sobald Sie Begrenzungen akzeptieren, öffnen Sie dem Neuen Tür und Tor.

61 Tor der Geheimnisse – Innere Wahrheit
Sie haben den mentalen Druck, hinter die Geheimnisse des Lebens zu blicken.

62 Tor der Details – des Kleinen Übergewicht
Sie können ein Konzept logisch detailliert zum Ausdruck bringen. Sie benennen die Dinge mit Namen und schaffen damit die Grundlage für die Maya (die Welt der Illusion).

63 Tor des Zweifels – nach der Vollendung
Sie zweifeln an sich und an anderen. Dadurch sind Sie eine wichtige Inspiration, um logische Muster zu hinterfragen und auf den Weg in eine sichere Zukunft zu bringen.

64 Tor der Verwirrung – vor der Vollendung
Sie haben den Druck, über Vergangenes zu reflektieren, um den Sinn von Erfahrungen zu finden.

Die Bedeutung der Schaltkreise[18]

Die unterschiedlichen Kanäle der Körpergrafik werden in Schaltkreisgruppen zusammengefasst. Jeder Schaltkreis repräsentiert bestimmte Grund-Eigenschaften eines Menschen; dabei umfasst der Schaltkreis des Individuellen alle Zentren, während die anderen Schaltkreise nur die Zentren verbinden, die mit ihren spezifischen Themen in Beziehung stehen. Die meisten Menschen tragen Anlagen unterschiedlicher Schaltkreisgruppen in sich, aber es gibt auch Menschen, die haben ausschließlich Kanäle einer Schaltkreisgruppe.

Das Individuelle

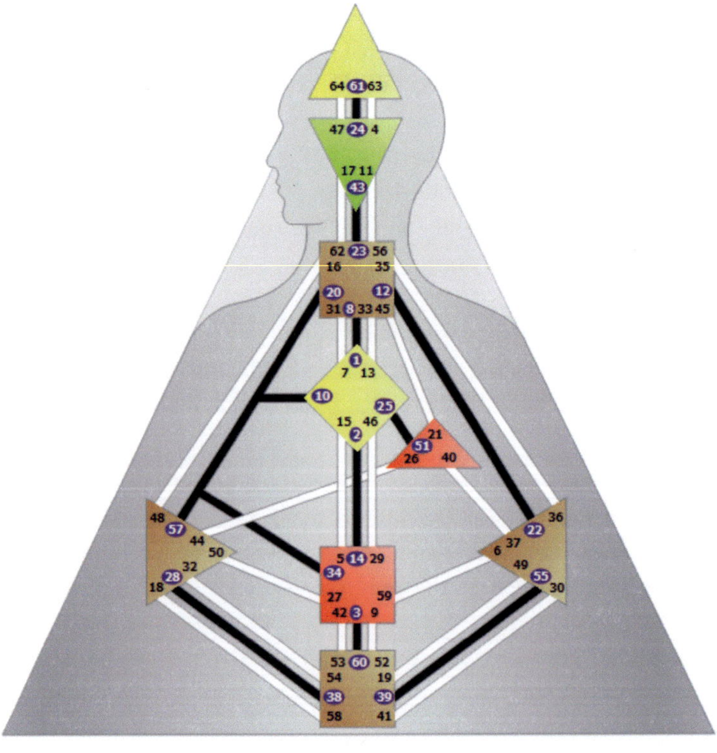

Wenn Sie Individualist sind

Mit diesen Anlagen können Sie das Neue, das Geniale hervorbringen, das, was Sie von anderen unterscheidet. Hier sind Sie unangepasst, außergewöhnlich, anders, originell und abweichend. Wann und ob der kreative Funken kommt oder nicht kommt, ist weder vorhersehbar noch steuerbar.

Sie brauchen den authentischen Ausdruck, um gesund sein zu können, egal, wie es auf andere wirkt. Auch haben Sie ein Recht darauf, selbstbezogen zu sein im Sinne eines gesunden Egoismus, der anderen nicht zu schaden braucht.

Melancholie ist der Brennstoff der Kreativität. Beides finden wir in den kreativen Toren und Kanälen. Wer Kanäle aus dem Schaltkreis des Individuellen definiert hat, wird melancholische Stimmungen gut kennen. Wenn Sie dann etwas Kreatives tun und Ihr Herz voll dabei ist, verschwindet die Melancholie. Auch der Umgang mit Kunst ist für Sie ein gutes Mittel, mit melancholischen Stimmungen wohltuend umzugehen; sei es nun der Besuch einer Ausstellung, Musikgenuss oder das Lesen in einem Gedichtband. Sie sollten nie nach dem Warum der Melancholie fragen, denn die Warum-Fragerei kann in die Depression führen. Es gibt kein Warum. Nach dem Warum fragt immer nur der Verstand, der für uns persönlich kein guter Ratgeber ist. Im Individuellen geht es darum, sich gegenseitig zu bestärken; das heißt, Sie können als individueller Mensch einen anderen individuellen Menschen in seinem Eigen-Sein bestärken, also ihn ermutigen, zu sich selbst zu stehen.

Dieser Schaltkreis ist dem Überleben nicht dienlich. Allzu schnell kann das Sichere und Beständige aufgegeben werden, um individuelle Herausforderungen einzugehen, die durchaus risikobehaftet sein können. Aber ohne diesen Mut zum Wandel gäbe es keine Entwicklung und keinen Fortschritt, und alles bliebe beim Alten.

Wie wird ein reiner Individualist erlebt?

Es ist durchaus möglich, dass alle Kanäle in einer Körpergrafik einem einzigen Schaltkreis zugeordnet sind. Wenn dies der Schaltkreis des Individuellen ist, lebt der Mensch sein Leben ohne Rücksicht auf Gemeinschaftsinteressen. Die reinen Individualisten sind höchst unberechenbar. Weder sie selbst noch ihre Mitmenschen wissen, wann ein Impuls einsetzt und sie anfangen zu reden oder zu handeln. Deswegen ist das Zusammenleben mit Individualisten nicht leicht. Mit offenem Ego können sie ihrem Gegenüber alles versprechen, aber in den wenigsten Fällen halten, weil sie ihr Eigensein gerade auf andere Weise ausleben.

Wirft man ihnen das vor, verstehen sie meist nicht, wovon man spricht, denn sie können sehr gut auf ihren Ohren sitzen, was sie vor Einmischung von außen schützt. Es ist sinnlos, einem individuell veranlagten Menschen Egoismus und Rücksichtslosigkeit vorzuwerfen, auch wenn er einem im sozialen Kontext so erscheint, denn er kann nicht anders. Er ist dazu auf der Welt, selbstbezogen zu sein.

Hat der Individualist viele offene Zentren, dann lebt er durch die starke Konditionierbarkeit in jungen Jahren meist soziale Eigenschaften aus, die mit zunehmenden Lebensjahren allmählich in den Hintergrund treten. Dann heißt es: Der Mensch hat sich verändert. Korrekterweise müsste es lauten: Der Mensch steht endlich zu seinem wahren Wesen, zu seinem Eigensein. Dem individuellen Menschen fehlen natürlich soziale Wesenszüge, weswegen er in den Augen der Gesellschaft oft als schrullig und eigenbrötlerisch angesehen wird. So schwierig wie wir das Zusammenleben mit Individualisten erleben mögen, umso notwendiger braucht es diese Menschen, damit die Entwicklung, die Evolution weitergehen kann.

Ra Uru Hu war rein individuell angelegt. Es bedurfte eines solchen Menschen, damit das einzigartige, absolut neuartige System des Human Design in die Welt kommen konnte.

Die Zukunft der Menschheit wird in Richtung viel größere Individualität gehen. Das bedeutet, dass es Individualisten künftig leichter haben werden, ihr Eigensein zu leben.

Kollektiver Schaltkreis der Logik

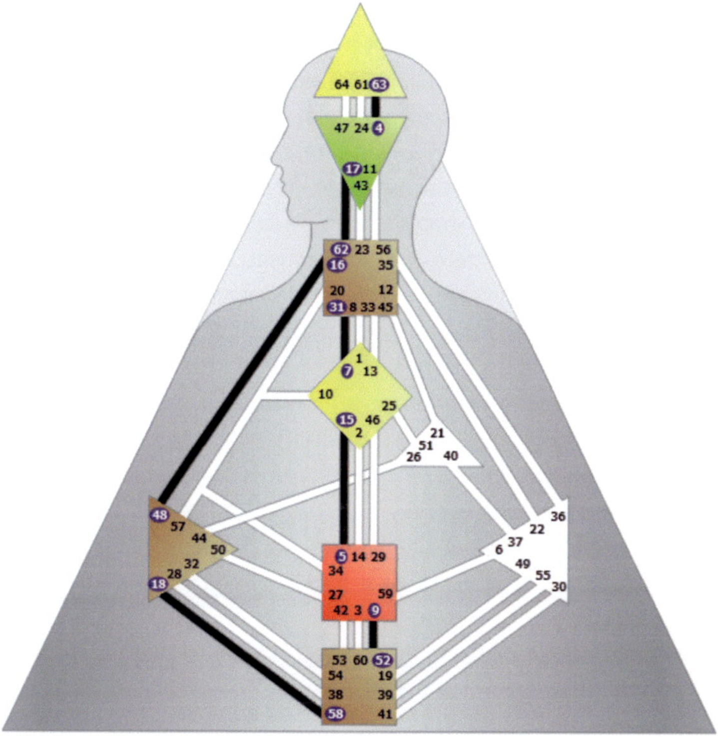

Wenn Sie Logiker sind

Der logische Schaltkreis entspricht der Denkweise, die in unserer Gesellschaft das höchste Ansehen hat. Unsere sozialen und wirtschaftlichen Strukturen folgen logischen Mustern. In den Schulen wird ebenfalls nach logischen Strukturen und Mustern gelehrt.

Die Wissenschaft verschreibt sich dem logischen Verstehen. Einem Chirurgen zum Beispiel, der einen Patienten operieren muss, ist wenig geholfen, wenn er in dieser Situation emotional reagiert.

Unsere Welt wurzelt in Logik. Wir sind von logischen Mustern umgeben, selbst unsere Gene sind auf einer logischen Matrix aufgebaut.

Die einzelne Zelle, repräsentiert durch Kanal 15 – 5, gehört zum logischen Schaltkreis. (Die Zelle hat noch zusätzlich das veränderungsfreudige Tor 3).

Beim logischen Verstehen geht es auch immer darum, einen gangbaren Weg in die Zukunft zu finden. In diesem Schaltkreis fehlt es an Energie, besonders auch im finanziellen Bereich, weil das Ego offen bleibt; hierzu gehört auch der Umstand, dass sich logisches Verstehen nicht mit Willenskraft erschließt.

Als Logiker können Sie nüchtern, sachlich, cool und emotionslos sein. Wiederholung und Experimentieren kommt Ihnen als Logiker sehr entgegen und nicht Veränderung; Veränderung interessiert das Individuum. Sie können beispielsweise stundenlang dasselbe Musikstück am Klavier üben, bis Sie es vermögen, virtuos zu spielen. Denn durch Wiederholen und Üben können Sie es zur Meisterschaft bringen in allem, was Geschicklichkeit und Fingerfertigkeit erfordert.

Sie gehen bei allem, was sie anpacken, strukturiert vor und brauchen es, Fach- und Sachthemen mit anderen auszutauschen.

Wenn Sie sich in einem Denk-oder Arbeitsprozess befinden, haben Sie es als Logiker schwer, weil Sie immer Beweise liefern müssen. Zum einen gegenüber sich selbst, weil Sie voller Zweifel und Selbstzweifel sind, aber auch gegenüber der Gesellschaft. Sonst gibt es beispielsweise keine Forschungsgelder.

Sobald Sie jedoch etwas zu Ende gebracht haben, ist es vorbei und erledigt.

Sei es die Steuererklärung oder eine große Erfindung – wenn die Arbeit getan ist, betrachten Sie die Angelegenheit als beendet und verschwenden keinen weiteren Gedanken mehr daran.

Wichtig ist für Logiker, dass sie immer eines nach dem anderen machen. Die Logik folgt stets einem in sich stimmigen Ablauf, und wenn Sie gemäß dieser Ordnung vorgehen, geht es Ihnen gut damit.

Wie wird ein reiner Logiker erlebt?

Die Logik kann immer gute Gründe dafür finden, warum etwas gemacht und warum etwas nicht gemacht, warum etwas gesagt und warum etwas nicht gesagt werden sollte. Sie kennen alle die Bestärkungsfloskel: „Das ist doch logisch!“ Wer hat dem etwas entgegenzusetzen in einer Zeit, in der der Verstand so hoch gehalten wird?

Mit der Logik kann alles bewiesen und alles widerlegt werden. Zu jedem Thema gibt es unterschiedliche, sich widersprechende Statistiken und Untersuchungsergebnisse. Im Medizinbetrieb haben wir das vielleicht alle schon einmal erlebt: Der Oberarzt ist für die Operation und der Stationsarzt ist dagegen. Die logischen Menschen zweifeln immer, an sich, an anderen, an jeder Meinung, an jedem Gedankenmodell, an jeder Vorstellung, an allem. Deshalb kann der Dialog mit ihnen sehr anstrengend sein. Wer hat schon als Gesprächspartner eine Handvoll Gegenargumente parat, und welchen Sinn macht es, sie vorzubringen?

Sobald der Logiker allerdings von etwas überzeugt ist, lässt er sich von nichts mehr beeindrucken und bleibt bei seiner Überzeugung; da kann sich sein Gegenüber bemühen wie es will, es ist vergeudete Kraftanstrengung.

Mit Logikern in Human Design Kursen habe ich schon so manche bizarre Situation erlebt. Plötzlich wird zum Beispiel nach zwei Jahren Ausbildung Ra Uru Hus mystische Stimmerfahrung in Frage gestellt. Dass sein Erlebnis mit der Stimme nicht an logischen Kriterien gemessen werden kann, erscheint paradoxerweise geradezu logisch – doch für den Logiker zählen andere Möglichkeiten der Welterfahrung nicht, und er kann nicht anders, als die Welt nach seinen logischen Kriterien zu beurteilen.

Logik ist grausam und unmenschlich, da sie unersättlich ist. Was dem logischen Menschen heute mental klar und nachvollziehbar ist, kann er am nächsten Tag erneut in Frage stellen, weil ihm ein kleines Detail aufgefallen ist, das das gesamte Gedankengebäude ins Wanken bringt. Diese Denkart kann im Wissenschaftsbetrieb sehr erfolgreich sein, weil alle Aspekte Beachtung finden, vorausgesetzt, es wird nicht manipuliert. Denn um an Forschungsgelder zu kommen, werden schon mal Statistiken „geschönt“.[19]

Doch selbst wenn ehrlich und korrekt gearbeitet wird, können wissenschaftliche Irrtümer, die so logisch erschienen, Jahre oder Jahrzehnte später widerlegt werden, wie zum Beispiel die Physik Isaac Newtons durch Albert Einstein.

Im menschlichen Miteinander hat es der reine Logiker schwer; sein durch und durch pragmatisches Denken, das weder Gefühle noch die Faszination von tiefen Erfahrungen als wichtig anerkennt, kann vieles, was die zwischenmenschliche Beziehung in ihrem Wesen ausmacht, nicht wirklich verstehen.

Kollektiver Schaltkreis des Sinnfindens

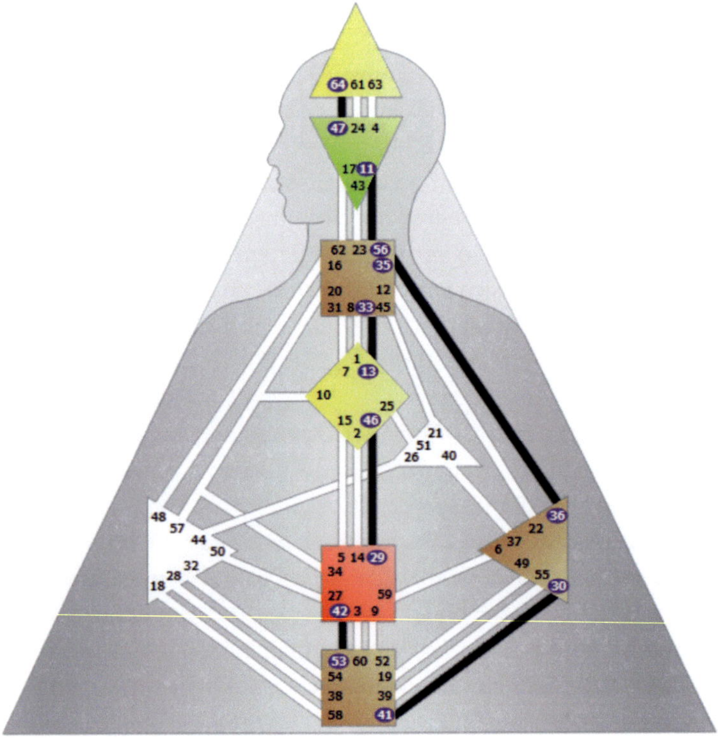

Wenn Sie Erfahrungsmensch sind

Der kollektive Schaltkreis des Sinnfindens ist untrennbar damit verknüpft, dass Erfahrungen gemacht und dass über diese Erfahrungen die Sinnhaftigkeit des Menschseins erkannt werden kann. Man kann Erfahrungen nicht planen, sie geschehen. Erfahrungen sind das Leben schlechthin, die Reise durch all die Möglichkeiten des Daseins. Sie sind ein Mensch, dem es ums Erfahrungenmachen und ums Sinnfinden geht. In diesem Schaltkreis setzen Sie sich dem menschlichsten und zerbrechlichsten Prozess aus. Sie können nur relative Bewusstheit erlangen und brauchen es, mehrere Eindrücke zu sammeln. Dann kann mit der Zeit relative emotionale Klarheit kommen. In diesem Schaltkreis gibt es keine endgültige Stabilität und Sicherheit. Die gleiche Erfahrung machen Sie kein zweites Mal, so sehr Sie das auch wünschen mögen. Jede Erfahrung ist einmalig und nicht wiederholbar.

Erfahrungsmenschen sind vergangenheitsorientiert. Mit diesem Schaltkreis kamen die Geschichte, im Sinne der Zeitgeschichte, und die Geschichten in die Welt. Dieser Schaltkreis ist unpersönlich, genauso wie der logische.

Viele Menschen auf Sinn- und Erfahrungssuche neigen dazu, ihre leidvollen Erfahrungen zu beklagen und sich zu fragen: Warum gerade ich? Doch niemand will ihnen Böses, es ist einfach der Weg, den sie gehen müssen. Manchmal reicht es, wenn ein einziger Mensch eine bestimmte Erfahrung macht; er erweist damit der Menschheit einen Dienst, denn jede Erfahrung muss gemacht werden, und manches Schwere kann ein einzelner für alle tragen; diese Erfahrung braucht dann kein anderer mehr zu machen.

Jede Erfahrung hat Anfang, Mitte und Ende. Sie muss zu Ende gebracht werden, sonst hat sie keinen Sinn, weil der Lerneffekt auf der Strecke bleibt. Zeit spielt in diesem Schaltkreis eine große Rolle. Erfahrungen zu machen, beansprucht Zeit. Hinterher darüber zu reflektieren dauert ebenfalls.

Je mehr Anlagen Sie in diesem Schaltkreis haben, umso lieber gehen Sie auf Reisen. Es können auch geistige Reisen sein in Form von Büchern. Sie sind immer in Versuchung, sofort drauf loszurennen, um Erfahrungen zu machen. Sie sollten aber nicht spontan sein. Spontaneität kann für Sie gefährlich werden.

Bedeutsam ist auch, dass Sie immer nur eine Erfahrung machen, denn kein Mensch kann auf zwei Hochzeiten gleichzeitig tanzen. Haben Sie die Erfahrung beendet, ist der Rückzug wichtig, um das Erfahrene zu verarbeiten, zuerst durch eigenes Reflektieren und dann im Dialog mit anderen Menschen. Erst dann sind Sie wieder bereit für eine neue Erfahrung.

Bei Erfahrungen geht es immer um Emotionen. Der Solar Plexus ist ein starker Motor, der im Tunnelblick blindwütig um sich schlagen kann. Sind Sie emotional offen, dann heißt es für Sie, nicht einzusteigen. Haben Sie den Solar Plexus definiert, heißt es immer, die Welle abzuwarten. Sie sind nicht dafür ausgestattet, spontan zu sein, weil es für Sie keine Wahrheit im Jetzt gibt. Konfrontationen ja, aber nicht emotional austragen. Damit erreichen Sie nichts.

Wichtig ist für Sie das Teilen und Mitteilen. Sie können und müssen Ihre Erfahrungen mit anderen teilen, indem Sie sie anderen mitteilen. Nur so ist es Ihnen möglich, den Sinn zu erkennen.

Wie wird ein reiner Erfahrungsmensch erlebt?

Der Erfahrungsmensch braucht immer Abenteuer und Abwechslung. Er kann nicht jeden Tag das Gleiche essen, das Gleiche machen und mit denselben Menschen zusammen sein.

Ein gewöhnlicher Schul- und Arbeitstag, der von großer Routine geprägt ist, wird einem abstrakten Menschen schnell überdrüssig. Deswegen finden wir hier eher die schlechten Schüler, weil Schule weniger auf Erfahrungen als auf Wiederholung des immer Gleichen aufgebaut ist. Erst in der späteren Schulzeit beginnen sich die erfahrungsorientierten Menschen mehr für den Unterricht zu interessieren, wenn Geschichte und Hintergrundwissen gelehrt werden.

Die Erfahrungsmenschen sind die schlechten „Über", ob es sich nun um das Erlernen eines Musikinstrumentes oder des Schreibmaschineschreibens handelt. Sehr schnell verlieren sie die Geduld, weil sie das Wiederholen des immer Gleichen schnell langweilt.

Ich selbst verfüge ausschließlich über zwei Kanäle, und beide sind im Erfahrungsschaltkreis, weiß also davon aus eigener Erfahrung. Schule interessierte mich erst ab der Oberstufe. Als in der Deutsch-Lektüre interessante Charaktere wie zum Beispiel „Effie Briest" oder „Nathan der Weise" näher betrachtet wurden, die Fächer Sozialkunde, Erdkunde und Geschichte fächerübergreifend gelehrt wurden und wie im Religionsunterricht die unterschiedlichen Religionen und Religionsphilosophen zur Diskussion gestellt wurden, fanden meine Fragen nach dem Sinn Resonanz. Themen, die abstrakte Menschen ansprechen.

Jedes Jahr veränderte sich etwas an der Schule und an der Klasse, neue Lehrer und Schüler kamen, die meine Neugier weckten. Häufig kamen neue Mitschülerinnen und Mitschüler aus anderen Teilen Deutschlands, die nicht nur eine andere Sprechweise, sondern auch ihre ganz eigene Biografie mitbrachten und damit meinen Schulalltag bereicherten.

Da in meinem Elternhaus Zimmer an Gäste vermietet wurden, kam auch durch sie der Duft der großen, weiten Welt in mein Leben, was ich immer sehr mochte.

Jetzt sind es die Reisen in andere Länder zu anderen Kulturen, die meinen Erfahrungshorizont erweitern, sowie die Vielzahl der Bücher, die meine Neugier wecken und auch meine Human Design Schülerinnen und Klienten, die mir ihre Welt nach Hause bringen, an der ich teilhaben kann.

Stammesschaltkreis

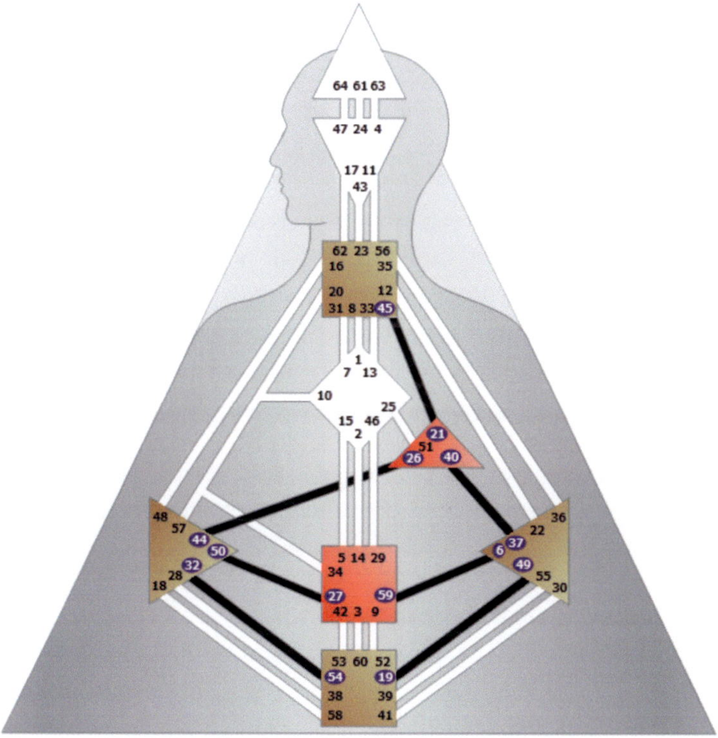

Wenn Sie Stammesmensch sind

Beim Stammesschaltkreis befinden wir uns auf der materiellsten und körperlichsten Ebene des menschlichen Daseins. Die Welt wird von innen zusammengehalten durch die Familie, das Dorf, die Nation, die Kultur, den Verein. Diese Form des Teilens geht viel tiefer und ist viel existentieller als in den beiden kollektiven Schaltkreisen. Es geht darum, sich zu unterstützen, sich zu helfen, sich gegenseitig zu tragen. Dieses archaische Wertebild hielt schon die Stämme in den allerfrühesten Kulturen zusammen, und auch heute noch spielt es im Leben eines Dorfes eine große Rolle, wer sich integriert und dies durch sein Engagement in einem Verein zum Ausdruck bringt und wer eben nicht.

Im Stamm kommen Kinder zur Welt und werden groß gezogen. Und wenn Sie Kinder haben und großziehen wollen, muss auch der materielle Rahmen stimmen, folglich geht es bei diesem Stammesthema immer auch um tiefe Bindungen und materielle Sicherheit. Der materielle Stammes-Schaltkreis treibt die Menschen am stärksten an, denn es geht um das genetische Programm, das unsere Zukunft als Menschheit sichert – meist auf Kosten unseres persönlichen Lebens. So muss zum Beispiel eine Mutter einen Großteil ihrer Bedürfnisse hintanstellen, wenn sie Kindern das Leben schenkt. Wieso tun sich Menschen das an? Es ist eine unbewusste, blinde Kraft, die chaotisch sein kann und der wir ausgeliefert sind. Als Nebenprodukt gibt es die Kinder. Jeder versucht seine Beziehungen zu verstehen und in den Griff zu bekommen. Gene kümmern sich wenig darum. Sie wollen einfach nur so viele Babys wie möglich, denn sie sind auf genetische Vielfalt und Vermehrung ausgerichtet.

In die Welt kommen, Partner finden, Kinder/Nachkommen bekommen, sterben, das ist unser genetisches Programm. Von wegen Spiritualität. „Nicht aussterben!" ist die Devise. Dazu mehr in Kapitel F (Beziehungen zu anderen verstehen: In der Partnerschaft).

Wie wird ein reiner Stammesmensch erlebt?

Stammesmenschen sind die geborenen Gemeinschafts- und Familienmenschen, denen Tradition, Treue und Loyalität sehr viel bedeuten. Sie vertreten konservative Werte und halten am Bestehenden fest.

Sie geben gerne innerhalb ihrer Familie oder Gemeinschaft, aber sie möchten in gleichem Maße nehmen können nach der Devise: „Eine Hand wäscht die andere." Gemeinschaftsmenschen sind unglücklich, wenn Geben und Nehmen nicht im Gleichgewicht stehen, und verlassen die Gemeinschaft bei einer Disbalance des Füreinander-da-Seins.

Ansonsten zählen sie zu den verlässlichsten Mitgliedern einer Gruppe. Es sind die Mitarbeiter, die ihr ganzes Leben lang in einer Firma oder in einem Betrieb arbeiten, es sind auch diejenigen, für die das Ehegelöbnis „bis dass der Tod uns scheidet!“ Gültigkeit hat, vorausgesetzt die ausgesprochenen und unausgesprochenen Abmachungen werden von beiden Seiten innerhalb der Beziehung eingehalten.

Es sind auch die Menschen, die für ihren Verein werben, die überhaupt nicht verstehen können, warum jemand keine eigene Familie gründen will und weshalb jemand immer wieder seinen Arbeitsplatz wechselt. Vom Wandel der Gesellschaft werden die Gemeinschaftsmenschen ziemlich hart getroffen. Sie müssen miterleben, wie ihre Firma aufgelöst wird beziehungsweise bankrott geht, wie ihre Familien auseinander brechen, wenn nicht die eigene, dann die der Freunde und Kinder, weil sich die Partner scheiden lassen. Vom großen Vereine-Sterben ist überall die Rede, weil sich immer weniger Menschen ehrenamtlich engagieren.

Das Auseinanderbrechen von Familien, Firmen und Vereinen zeigt uns im Übrigen sehr deutlich, dass wir uns in einem großen Umbruch vom Gemeinsinn zum Ausleben von Individualität befinden. Dies ist eine von der Evolution vorgesehene Entwicklung, die von niemandem aufgehalten werden kann, auch nicht von Kirchen und Religionsgemeinschaften, die in der Vergangenheit aufgrund des Stammesdenkens großen Zulauf fanden.

Die Bedeutung der Definition[20]

Für das Verständnis Ihrer Lebensthemen, wie sie sich in der Körpergrafik ausdrücken, ist auch die Verbindung der einzelnen definierten Zentren untereinander sehr bedeutsam. Es kommt hier darauf an, ob Ihre farbigen Bereiche, also Ihre Anlagen, alle durch Kanäle untereinander verbunden sind oder ob es Unterbrechungen gibt. Von dieser Konstellation hängt es maßgeblich ab, wie sehr Sie für Beziehungen geschaffen sind oder ob Sie ohne festen Partner an Ihrer Seite ebenso glücklich sein können.

Durchgehende Definition

Bei Ihnen hängen alle Anlagen zusammen. Das bedeutet, dass Sie relativ unabhängig von anderen Menschen sind. Sie sind im Grunde nicht angelegt für Partnerschaft, weil Sie keine Vorstellung davon haben, wie Beziehungen laufen. Sie brauchen kein Gegenüber, das ihnen dabei hilft, alle Ihre Anlagen zu integrieren, sondern Sie sind sich im Grunde selbst genug. Deshalb suchen Sie auch nicht zwangsläufig nach dem Menschen, der Sie ergänzt, sondern Sie müssen „Beziehung" lernen, weil es nicht natürlich für Sie ist.

Der andere ist für Sie und Ihr Design nicht lebenswichtig und deshalb suchen Sie die dauerhafte Bindung nicht so sehr und können auch leichter aus einer Beziehung aussteigen.

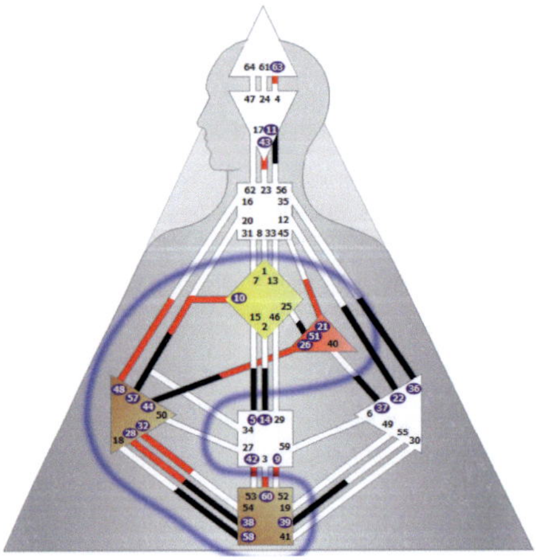

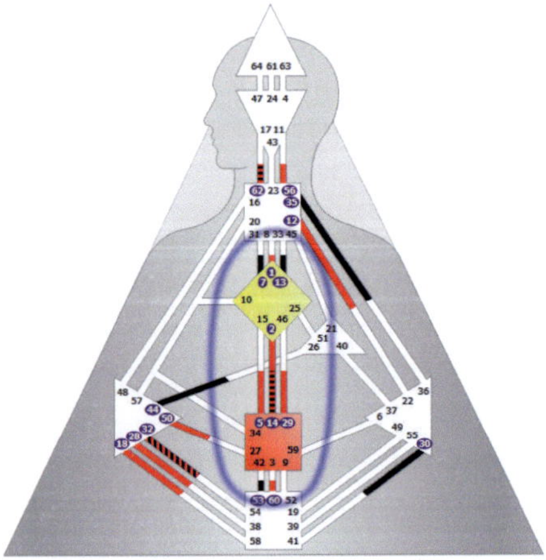

Einfache Spaltung

Ihre Anlagen sind in zwei Bereiche geteilt. Hierfür hat sich im Human Design der Begriff „einfache“ Spaltung eingebürgert. Also seien Sie nicht erstaunt, wenn es keine „zweifache“ Spaltung gibt. Wenn Sie diese Definition haben, sind Sie gemacht für Beziehungen. Sie sind auf der Welt, um in Partnerschaften zu leben und über Partnerschaft andere zu lehren. Sie können andere in das gelobte Land der Beziehungen führen und weise werden im Sich-Binden.

Wenn Sie einen Partner finden, der das Brückentor definiert hat, das Ihre Spaltung überwindet, dann haben Sie das Gefühl, dass er Sie ganz macht. Die Beziehung macht Ihr Leben aus, und deswegen ist auf der anderen Seite auch viel Druck da, funktionierende Beziehungen zu haben. Unbewusst zieht es Sie also hin zu den Menschen, die Ihre Brückentore als Anlage haben. Diese Menschen finden Sie auf Anhieb sympathisch. Ob der Mensch wirklich der richtige für Sie ist, können trotzdem nur Ihre Strategie und Ihre innere Autorität entscheiden.

Sie und Ihr Partner können in der gemeinsamen Erfahrung in jedem Fall sehr viel über das Brückentor lernen. Interessant ist dabei, welches Tor oder welche Tore Ihre einfache Spaltung überbrücken. Nehmen wir an, das Brückentor ist Tor 13, das Tor des Zuhörens, dann können Sie in der Beziehung lernen und lehren, was es heißt, zuzuhören. So bietet jedes Brückentor ein großes Potential an Lernerfahrungen für beide Partner.

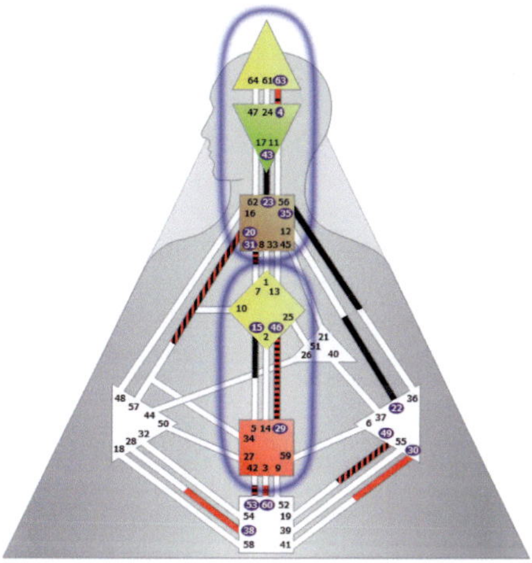

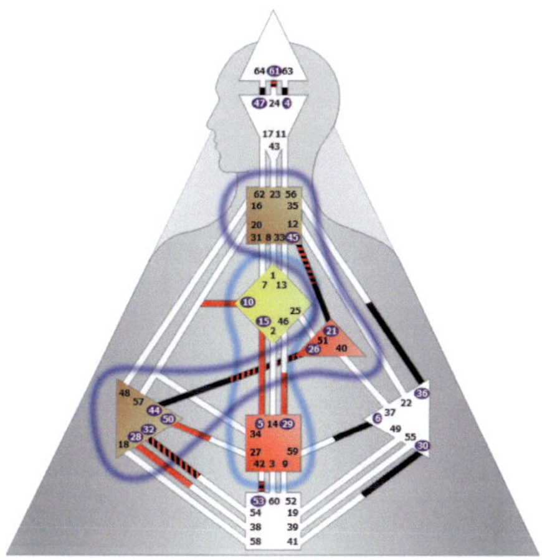

Dreifache und vierfache Spaltung

Ihre Anlagen sind in drei Bereiche gespalten. Daher gibt es bei Ihnen mehrere Brückentore, die von außen angeschlossen werden können. Sie gehören zu den Menschen, die das Ganze suchen, aber nicht ganz sein wollen.

Für Sie ist die öffentliche Aura extrem wichtig und ebenso das Erleben der unterschiedlichen Potentiale, die Sie in sich tragen. Mag sein, dass Sie vom ultimativen Seelenpartner träumen. Steht er eines Tages vor Ihnen, finden Sie den Zustand am Anfang durchaus prickelnd, aber bald ist Ihnen das Miteinander zu eng, denn es geht Ihnen letztlich nicht darum, die Ganzheit zu erfahren.

Folglich mögen Sie nicht mit einem Partner zusammen sein, der Sie anschließt. Sie hassen es nämlich, in Ganzheitsbeziehungen eingeschlossen zu sein. Der Traumprinz oder die Traumprinzessin sind auf längere Sicht eine beängstigende Vorstellung für Sie. Wenn eine Beziehung nicht funktioniert, gehen Sie in eine neue.

Sie wissen von Natur aus nicht, was es heißt, in einer Beziehung zu stehen, können es aber durchaus innerhalb einer Partnerschaft lernen, am besten von einem Partner mit einfacher Spaltung.

Wenn Sie Tag für Tag immerzu mit denselben Menschen zusammen sein müssten, wäre das nichts für Sie. Durch das Miteinander mit unterschiedlichen Menschen erleben Sie sich selbst stets anders und neu, was Ihr Leben bunt und abwechslungsreich macht. Das tut Ihnen gut.

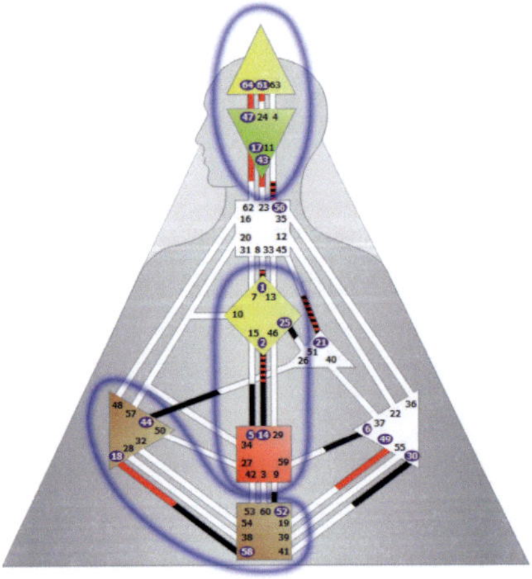

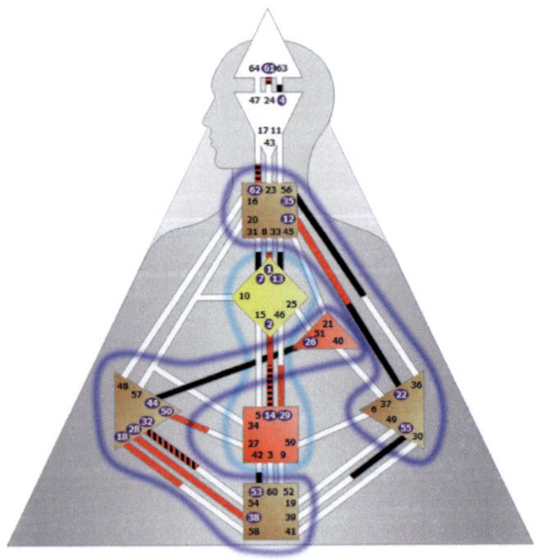

Aufgrund Ihres facettenreichen Wesens können Sie von anderen schlecht eingeschätzt werden und sind oft gut für Überraschungen. Manche Menschen mag das verunsichern, andere finden Sie vielleicht gerade deshalb interessant.

Menschen mit dreifacher Spaltung tanzen gerne auf mehreren Hochzeiten gleichzeitig, wobei als Folge davon, die tiefe Auseinandersetzung mit einer Thematik mitunter auf der Strecke bleiben kann.

Ähnliches gilt für die vierfache Spaltung, die sehr selten vorkommt. Unter den Prominenten entdeckte ich lediglich die Sängerin und Musikerin Pink mit vierfacher Spaltung.

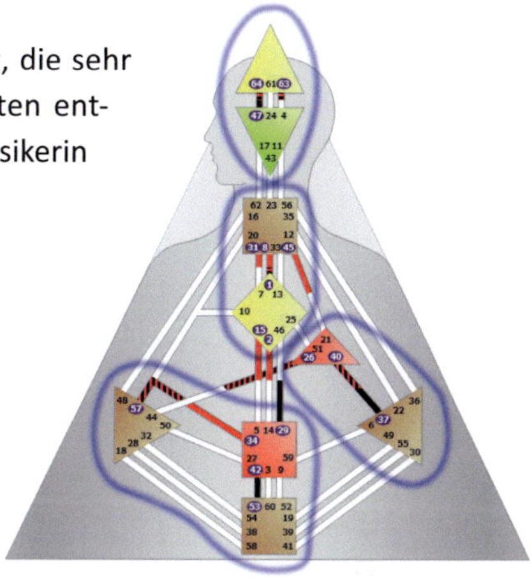

Die Bedeutung des Profils[21]

Das Profil ist Ihre Wesensart, die Sie in dieses Leben mitgebracht haben und die unverrückbar ist. Die Profile setzen sich zusammen aus der Linie von Persönlichkeitssonne und -erde (1.) und aus der Linie von Designsonne und -erde (2.)

Beispiel: Profil 5/1

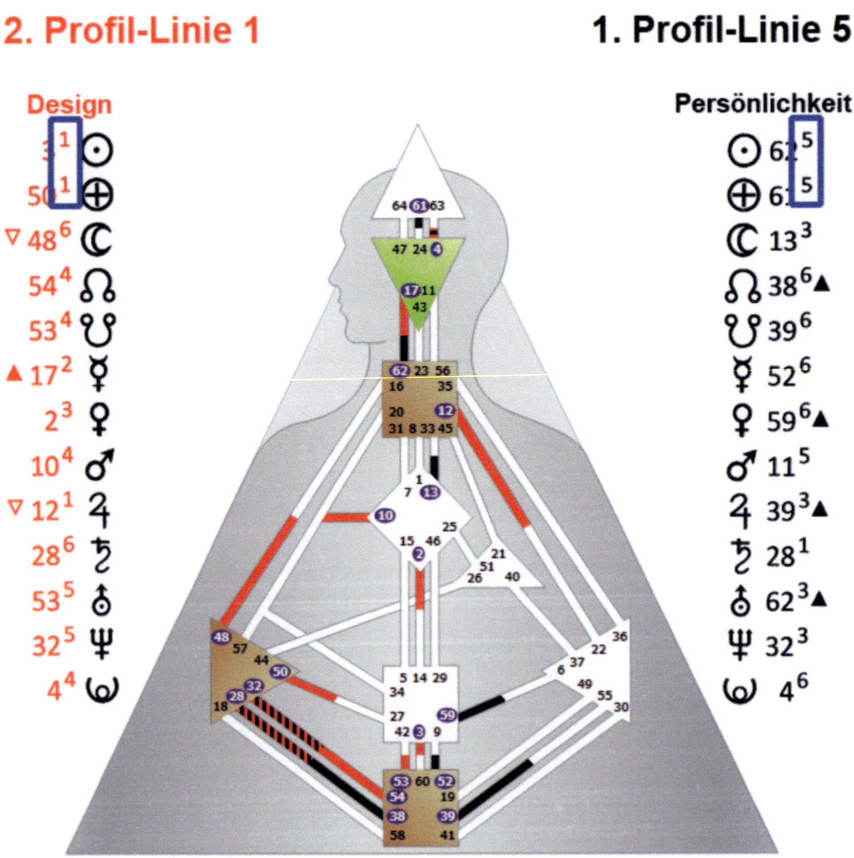

Die drei verschiedenen Profil-Arten

Das Profil ist ein wesentlicher Aspekt Ihrer Persönlichkeit, der Ihren grundlegenden Lebenszweck beschreibt. Jedes der 12 Profile charakterisiert Ihren Zugang zur Welt in der Rolle, die Sie in diesem Leben spielen. In Verbindung mit Ihrem Inkarnationskreuz, das im nächsten Kapitel angesprochen wird, können Sie entsprechend Ihres Profils Ihre Lebensaufgabe erfüllen.

Die 12 Profile werden in drei grundlegend verschiedene Ausrichtungen eingeteilt: Es gibt rechte und linke Profile und das sogenannte Juxta-Positions-Profil.

Rechte Profile: 1/3, 1/4, 2/4, 2/5, 3/5, 3/6, 4/6
Haben Sie ein rechtes Profil, dann sind Sie auf sich selbst bezogen. Es geht um Ihren eigenen Weg im Leben. Im Mittelpunkt Ihres Strebens steht Ihr eigenes Schicksal.

Juxta Position: 4/1
Haben Sie ein Juxta-Positions-Profil, dann haben Sie ein festgelegtes Schicksal und gehen ganz gerade Ihren Weg, von dem Sie sich nicht abbringen lassen dürfen.

Linke Profile: 5/1, 5/2, 6/2, 6/3
Haben Sie ein linkes Profil, dann brauchen Sie andere Menschen, damit sich Ihr Schicksal erfüllt. Sie brauchen die anderen, um Ihre Themen nach außen zu bringen.

Die sechs Profil-Linien

Jede Profil-Linie hat genauso wie auch jede Linie eines Hexagramms eine grundlegende Bedeutung.

1. Linie: Sie sind der Grundlagenforscher und können sich tief mit der Basis von Dingen beschäftigen. Das nimmt Ihnen Ihre anfängliche Unsicherheit, die sich immer mehr in Sicherheit verwandelt. So können Sie zu einer Autorität werden und ein fundierter Lehrer sein, weil Sie alles von Grund auf lernen.

2. Linie: Sie sind ein Naturtalent und ein Einsiedler, der etwas in sich trägt und nichts davon weiß. Sie können gerufen werden, wenn jemand Ihr Talent erkennt. Dann können Sie daran gehen, dieses Talent zu verfeinern. Sie sind grundlegend schüchtern und richten Mauern um sich auf. Außerdem sind Sie reserviert und abgehoben.

3. Linie: Sie sind der Märtyrer, weil Sie sich opfern, um Erfahrungen zu machen. Sie sind offen für das Neue und können sich leicht an neue Situationen anpassen. Aber Sie sind auch der Anarchist, der das Bestehende ablehnen kann. Bindungen eingehen und brechen ist ein großes Thema für Sie. Sie sind nie vor Überraschungen im Leben sicher.

4. Linie: Sie sind der Opportunist, der Gelegenheiten von Freunden angeboten bekommt. Sie sind direkt, eingleisig und stur. Sie wollen und können andere beeinflussen, sind aber auch selbst beeinflussbar. Freundschaft und Vertrauen sind für Sie enorm wichtig, doch zu viele freundschaftliche Kontakte können Sie ermüden.

5. Linie: Sie sind der Ketzer, der Themen allgemeingültig macht und mit praktischen Lösungen überzeugen kann. Sie wecken Erwartungen und Hoffnungen in anderen als Retter, Erlöser, Verführer, Heiliger, General und so weiter.

6. Linie: Sie haben drei Lebensphasen: Bis zum Alter von circa 30 Jahren gelingt Ihnen nicht alles, wie Sie sich das vorstellen, denn Sie leben das Thema Versuch und Irrtum. In der zweiten Phase bis zum Alter von 50 Jahren sitzen Sie bildlich gesprochen auf dem Dach und lernen von dort aus, was im Leben nicht funktioniert und was funktioniert. Hier entwickeln Sie Optimismus und Objektivität. In der dritten Phase ab 50 Jahren sind Sie aufgerufen, vom Dach herunterzukommen und sich voll und ganz ins Leben einzubringen als Rollenvorbild. Jetzt heißt es, authentisch zu sein und sich selbst zu leben – nicht Wasser predigen und Wein trinken.

Die 12 Profile[22]

Aus den einzelnen Profil-Linien können Sie die Bedeutung Ihres persönlichen Profils ablesen. Sie erkennen sich selbst in Ihrer bewussten Linie in Schwarz. Von den anderen werden Sie in Ihrer unbewussten Linie in Rot wahrgenommen.

Profil 1/3
Sie wissen, dass Sie ein Grundlagenforscher sind und alles von der Pieke auf lernen müssen, um im Leben Sicherheit zu bekommen. Andere Menschen sehen, dass Sie Fehler machen und weisen Sie darauf hin. In vielen Fällen haben Sie Ihren Fehler selbst schon bemerkt und korrigieren ihn, so dass Sie am Schluss eine wirklich stabile Basis geschaffen haben. *Beispiele:* Richard Wilhelm, Christine Lagarde, Elton John, Loriot, Bono, Jack Nicholson

Profil 1/4
Sie brauchen es, den Dingen auf den Grund zu gehen, die Sie dann sehr direkt nach außen tragen können, sobald sich eine passende Gelegenheit dazu bietet. Sie ziehen sich lieber zurück als Ihre Grundlagen zu gefährden. *Beispiele:* Albert Camus, David Copperfield, Louis Pasteur, Mark Knopfler, Ivana Trump

Profil 2/4
Sie sind ein Naturtalent und wollen ohne Einmischung von außen Ihre Dinge tun können. Andere nehmen Sie als freundschaftlichen Menschen wahr, der lieber zurücktritt als seine Überzeugung aufgibt. *Beispiele:* Maria Montessori, Sebastian Vettel, Sandra Bullock, Adele, Richard Gere

Profil 2/5
Sie sind ein Naturtalent und können etwas, ohne genau zu wissen woher. Andere projizieren unterschiedlichste Erwartungen auf Sie. Ob Sie diese erfüllen können, wissen Sie nie. Deshalb tut es Ihnen gut, nicht immer verfügbar zu sein. *Beispiele:* Coco Chanel, Kevin Costner, Mark Twain, Franz Beckenbauer, Gisele Bündchen

Profil 3/5
Sie können aus Fehlern lernen und sind offen für Veränderungen. Unterschiedlichste Erwartungen werden auf Sie projiziert. Können Sie diese nicht erfüllen, lässt man Sie fallen. *Beispiele:* Julia Roberts, Carl Orff, Silvio Berlusconi, Elvis Presley, Simone Beauvoir

Profil 3/6
Bis zum Alter von circa 30 Jahren durchlaufen Sie einen tiefen Erfahrungsprozess. Ab circa 30 erleben Sie Erleichterung und Entspannung. Ab einem Alter von circa 50 Jahren können Sie zum lebenden Vorbild für andere werden. *Beispiele:* Wilhelm Roentgen, Neil Diamond, Ernst Kirchner, Jacques Cousteau, Nikola Tesla

Profil 4/6
Sie bekommen Gelegenheiten von Freunden, um Ihre Dinge direkt nach außen zu bringen. Bis circa 30 Jahre klappt nicht alles so, wie Sie es erwarten. Ab circa 30 Jahren hört alles auf, anstrengend und intensiv zu sein. Ab circa 50 Jahren bekommen Sie Gelegenheiten, wie Sie Rollenvorbild für andere sein können. *Beispiele:* Papst Franziskus, Carla Bruni, Sigmund Freud, Dalai Lama, Edith Piaf, Niki Lauda

Juxta Positions-Profil 4/1
Sie weichen von Ihren eigenen Themen keinen Millimeter ab. Das ist Ihre Stärke. Wer Sie verändern will, bricht Sie. Wenn Sie eine fundierte Ausbildung haben, können Sie Ihre eigenen Grundlagen freundschaftlich, aber bestimmt hinaustragen. *Beispiele:* Stieg Larsson, Ulrike Meinhof, Albert Schweitzer, Linus Pauling, Joseph Stalin

Profil 5/1
Sie kennen es, mit Wünschen und Erwartungen anderer konfrontiert zu sein. Deshalb ziehen Sie sich gerne aus freundschaftlichen Verpflichtungen zurück. Durch eine gute Ausbildung bekommen Sie eine stabile Basis. Diese müssen Sie über Verbindungen in die Welt bringen. *Beispiele:* Ra Uru Hu, Bob Marley, Jennifer Aniston, Maggie Thatcher, Lady Gaga,

Profil 5/2
Sie sind einem starken Erwartungsdruck durch Ihre Mitmenschen ausgesetzt. Daher brauchen und schätzen Sie Distanz. Die Erwartungshaltungen bieten Ihnen viele gute Möglichkeiten, sich einzubringen. Sie sind schwer zu etwas zu verpflichten, weil Sie sich nur aus sich selbst heraus motivieren können. *Beispiele:* Justin Bieber, Jan Ullrich, Robert de Niro, Tommy Hilfiger, Muammar Gaddafi

Profil 6/2
Die ersten circa 30 Lebensjahre gelingt Ihnen nicht alles wie gewünscht, obwohl von Ihnen erwartet wird, Vorbild zu sein. Ab circa 30 Jahren ziehen Sie sich zurück und entwickeln Optimismus. Da Sie großes Durchhaltevermögen haben, können Sie großen Einfluss auf die Welt ausüben. Ab circa 50 Jahren müssen Sie sich voll aufs Leben einlassen, um Rollenvorbild für andere zu werden. Das fällt Ihnen nicht leicht, weil Sie ein großes Harmoniebedürfnis haben. *Beispiele:* Juliette Greco, Anthony Hopkins, Kim Basinger, Mahatma Gandhi, Björn Borg

Profil 6/3
In der ersten Lebensphase bis circa 30 Jahre durchlaufen Sie einen tiefen Erfahrungsprozess. Sie können herausbringen, was nicht funktioniert. In der zweiten Lebensphase ab circa 30 Jahren ziehen Sie sich zurück und werden optimistisch. In der dritten Lebensphase ab circa 50 Jahren heißt es für Sie, die Weisheit, die aus Ihren Erfahrungen resultiert, in die Welt zu bringen. *Beispiele:* Paulo Coelho, Michail Gorbatschow, Robert Oppenheimer, France Gall

Die Bedeutung des Inkarnationskreuzes

In der Körpergrafik stehen die Sonne bewusst(schwarz) und unbewusst (rot), sowie auch die Erde bewusst (schwarz) und unbewusst (rot) in jeweils vier verschiedenen Toren. Die Achse aus diesen vier Toren nimmt eine besondere Stellung ein. Sie bildet das sogenannte Inkarnationskreuz. Dieses Kreuz beschreibt den Sinn und Zweck, warum wir auf der Erde sind.

Sie müssen also Ihr ganz eigenes Kreuz auf sich nehmen, wenn Sie den wahren Sinn Ihres Lebens finden möchten.[23] Doch keine Sorge, es muss nicht schwer zu tragen sein, wenn Sie es annehmen können. Es kann Ihnen vielmehr den Rücken stärken und Halt geben, weil es Sie in Ihrer Lebensaufgabe verankert. Ra Uru Hu zum Beispiel hatte das Kreuz der Fanfare. Sein Lebenssinn bestand darin, eine neue Botschaft in die Welt zu bringen.

Oft sagt der Name des Inkarnationskreuzes schon aus, um welchen Lebenssinn es geht.

Beispiele:
Das Kreuz der Richtung ist dazu da, anderen Richtung zu geben.
Das Kreuz der Liebe erfüllt seinen Zweck, indem es andere anführt durch Liebe.
Das Kreuz des Heilens findet seinen Sinn, indem es geheilt wird und/oder andere heilt.

Bei anderen Inkarnationskreuzen ist die Bestimmung nicht so leicht aus dem Namen abzuleiten.

Beispiele:
Das Kreuz der Verfeinerung findet seinen Zweck darin, sich für Verschönerung einzusetzen.
Das Kreuz der Gesetze ist dazu da, neue Gesetze zu entwickeln und umzusetzen.
Das Kreuz der Spannung erfüllt seinen Sinn, indem es durch Kampf und Provokation Entwicklungen vorantreibt.

Dies ist nur ein kleiner Einblick in das Thema der Inkarnationskreuze. Falls Sie sich eingehender damit befassen möchten, gibt es darüber weiterführende Literatur.[24]

F | Die Beziehung zu anderen verstehen

Indem man sich selbst ein Licht ist,
ist man ein Licht für alle anderen.
[Krishnamurti]

In der Partnerschaft[25]

Human Design kann nicht die Frage beantworten, ob eine Beziehung gut oder schlecht ist, denn das Grundprinzip der Welt heißt Dualität. Auch kann Human Design keine Antwort darauf geben, ob eine Beziehung gelebt oder beendet werden sollte. Human Design kann lediglich aufzeigen, wie eine Beziehung aufgebaut und strukturiert ist und was energetisch vorhanden ist. Hier ist Human Design eine große Hilfe, um zu verstehen, woraus Konflikte in einer Partnerschaft resultieren und welche Lösungswege sich auftun. Grundsätzlich gilt: Jeder Partner ist, wie er ist und damit unveränderbar. Der andere muss so akzeptiert werden, wie er ist.

Von zentraler Bedeutung ist hier unter anderem die Frage, wie die offenen und die definierten Zentren bei beiden Partnern verteilt sind, wie ich im Folgenden an einem Beispiel darlegen möchte: Gesetzt der Fall, es treffen sich zwei Menschen. Der eine hat ein Zentrum definiert, nehmen wir an das Herz- Zentrum, also die Willenskraft, und der andere ist dort offen, dann finden das beide ausgesprochen anziehend nach dem Sprichwort: „Gegensätze ziehen sich an."

Ist derjenige mit der nicht angelegten Willenskraft in der Aura des willensdefinierten Menschen, spürt er plötzlich Willensstärke in sich, so dass er sich durchsetzen und Ziele leichter realisieren kann als sonst. Erfreulich für ihn!

Bewegt sich der willensoffene Mensch viel in der Aura des definierten, kann er lernen, wie es funktioniert, in der materiellen Welt erfolgreich zu sein.

Weil das offene Zentrum jedoch gerne übertreibt, kann der Mensch mit dem offenen Ego den Menschen mit dem definierten mit Hilfe der „geliehenen" Willensstärke überrennen, so dass er ein dickeres Ego an den Tag legt als der mit dem angelegten Herz-Zentrum, was natürlich nicht echt, sondern aufgesetzt ist. Dem willensdefinierten Menschen kann dieses Verhalten mit der Zeit auf die Nerven gehen. Da der Willensstarke diese Kraft wirklich besitzt, ist eine andere Möglichkeit genauso denkbar: Der Willensstarke zwingt dem Willensoffenen seinen Willen auf, und dann fühlt sich der Willensoffene dominiert und gegängelt.

Diese Vorgänge geschehen automatisch, weil sie in unserer Körperchemie als soziale Wesen begründet sind. Sie können diesem Mechanismus nicht entgegensteuern. Lediglich beobachten können Sie und sich darüber amüsieren mit der Zeit.

Szenenwechsel: Zwei Menschen begegnen sich und beide haben dasselbe Zentrum angelegt. Nehmen wir wieder das Beispiel des Herz-Zentrums, und gehen von dem Fall aus, dass beide über eine angelegte Willenskraft verfügen. Diese Konstellation hat zur Folge, dass die Partner sich aufeinander verlassen und Pläne gemeinsam durchziehen können. Die beiden sind hier gleich veranlagt, und es bestätigt sich das Sprichwort: „Gleich und Gleich gesellt sich gern." Das ist immer ein Stabilitätsfaktor in einer Partnerschaft. Je unterschiedlicher die Eigenschaften zweier Menschen sind, desto anziehender finden sich die beiden, ganz besonders am Anfang einer Beziehung. Wer freut sich darüber am meisten? Die Gene! Denn je unterschiedlicher der Gen-Pool zweier Menschen ist, umso gesünder, intelligenter und hübscher wird die Nachkommenschaft. Die Gene haben das Ziel, nicht auszusterben. Sie sind eine blinde Kraft und kümmern sich nicht darum, ob ein Paar glücklich ist oder nicht. Sobald „Liebe auf den ersten Blick" im Spiel ist, können wir ziemlich sicher sein, dass es sich um zwei sehr verschiedene Menschen handelt. Seien Sie mir bitte nicht böse, wenn ich die erotische Liebe entromantisiere!

Ist sich ein Paar in seinen Anlagen ähnlich, dann spricht man im Human Design von „Gefährtenschaft". Die beiden tun sich leicht, eine erfüllende und harmonische

Partnerschaft zu leben. Dieser Beziehung kann es jedoch an prickelnder Erotik fehlen. Dass die „Liebe auf den ersten Blick“ nicht immer in einer lebenslangen Beziehung endet, bestätigt sich in den vielen Trennungen. Allzu oft wird die „große Liebe“ geehelicht, die oft bald schon vor dem Scheidungsrichter ihr Ende findet.

Im besten Fall haben Sie also einen Partner, mit dem es sowohl Unterschiede als auch Gemeinsamkeiten gibt. Hier bleibt die Beziehung spannend, und es besteht gleichzeitig eine stabile Grundlage für ein produktives und erfüllendes Miteinander. Als besonders anziehend wird die sogenannte „elektromagnetische Verbindung“ erlebt. Hier hat ein Partner ein Tor und der andere das gegenüberliegende Tor. Wenn sie zusammen sind, ergibt sich dadurch ein neuer Kanal für beide und möglicherweise daraus auch eine neue Definition der Zentren. Jeder gibt einen Teil zum gemeinsamen Ganzen. Aber was anzieht, kann auch abstoßen, so dass ein solcher Partner auf der anderen Seite auch abgelehnt werden kann. Denn wir leben in einer Welt der Dualität. Jedoch die Anziehung hat erfahrungsgemäß gute Chancen, sich gegen die Ablehnung immer wieder durchzusetzen nach dem Spruch: „Alte Liebe rostet nicht!“

Beispiel: Der Partner hat das Tor 50 im Kanal 50-27, die Partnerin das gegenüberliegende Tor 27 im Kanal 50-27. Sie teilen sich das Thema Fürsorglichkeit, ob es nun um die gemeinsamen Kinder oder Haustiere geht oder um die Angelegenheiten in ihrer Firma oder ihrem Haus, um die sich beide zusammen kümmern. Diese gemeinsame Fähigkeit kann von beiden als anziehend, aber auch als abstoßend erlebt werden.

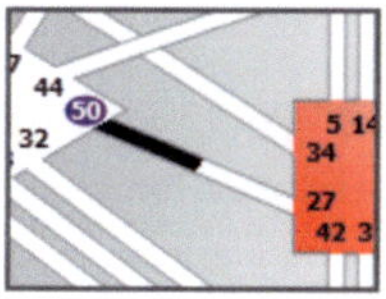

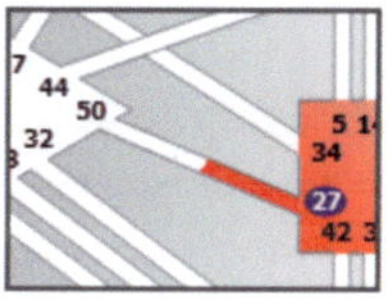

Problematischer wird es, wenn ein Partner den ganzen Kanal hat und der andere nur ein Tor in demselben Kanal. In dieser Konstellation muss der Partner, der nur ein Tor mit in die Beziehung bringt, nachgeben und einen „Kompromiss" eingehen. Das erscheint logisch, denn mit zwei Händen (in dem Fall die zwei Tore, aus denen der Kanal besteht) kann man immer leichter zupacken, als mit einer Hand (in dem Fall das eine Tor). Geben Sie nach und überlassen Sie dem Partner das Feld, denn Sie sind mit dem einen Tor immer in der schwächeren Position. Jegliche Diskussionen und jegliches Aufbegehren sind zwecklos und reine Kraftverschwendung. Fügen Sie sich! Ihr Verstand mag das natürlich gar nicht gerne hören. Aber Sie haben keine Wahl. Auf der anderen Seite übernimmt der Partner mit dem ganzen Kanal ja auch immer einen Aufgabenbereich, um den Sie sich nicht zu kümmern brauchen – für den Preis, ein Stück weit in Ihren Vorstellungen zurückstecken zu müssen.

Beispiel: Der eine Partner verfügt über Kanal 50-27, der andere hat lediglich Tor 50. In der Beziehung wird sich immer der Partner mit dem ganzen Kanal durchsetzen, wenn es um die Fürsorge von Familie, Haus und Garten geht.

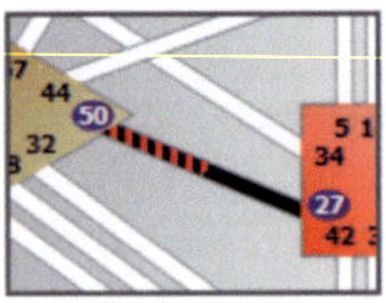

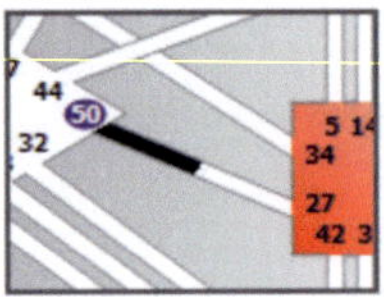

Solange die Partner annähernd gleich viele Kompromisse eingehen müssen, ist die Beziehung ausgewogen und gut zu leben, weil jeder einmal nachgeben muss.

Jetzt möchte ich Ihnen noch einen weit verbreiteten „Beziehungskiller" vorstellen. Es sind die Planteten-Transite. Ist ein Tor in Ihrer Körpergrafik über längere Zeit von einem Planeten aus dem aktuellen Transitfeld besetzt, und Sie lernen in diesem

Zeitraum Ihren späteren Partner kennen, meinen Sie irrtümlicherweise, die Qualität dieses Tores käme von ihm.

Verlässt der Planet das Tor, geht mit ihm die Qualität. Ihr Partner bleibt, aber er ist jetzt in Ihrem Erleben ein anderer. Dann kommt der Satz, den wir alle kennen: „Er hat sich so verändert. Wir verstehen uns nicht mehr."

Ein Pluto-Transit kann bis zu vier Jahre in einem Tor verweilen. In dieser Zeit haben Sie vielleicht schon geheiratet und ein bis zwei gemeinsame Kinder. Dann tut die Trennung besonders weh. Transite sind nicht böse, sondern einfach nur da als prägende Kraft für alle Wesen auf dieser Erde. Sie stellen uns vor immer neue Aufgaben, aber sie lassen uns auch immer neue Qualitäten und Möglichkeiten erleben.

Wenn Sie eine einfach gespaltene Definition haben und deshalb ganz besonders für eine Zweierbeziehung angelegt sind, dann kann es geschehen, dass sich ein langsam laufender Planet in Ihr Brückentor setzt. Lernen Sie in dieser Zeit jemanden kennen, fühlen Sie sich mit ihm perfekt. Was Sie nicht wissen: Ihr wunderbares Gefühl entsteht nicht durch den neuen Partner, sondern durch den Planeten-Transit. Das „Erwachen" kommt erst später, wenn der Planet das Brückentor wieder verlässt.

Beispiel: Ihre Brücke, die die Spaltung in zwei Bereiche aufhebt, ist das Tor 13 im G-Zentrum, das Tor des Zuhörens. Gesetzt der Fall, der transitierende Jupiter geht ins Tor 13, dann werden Sie Ihren neuen Partner als guten Zuhörer erleben. Geht Jupiter aus Tor 13, werden Sie den Eindruck haben, dass Ihnen Ihr Partner überhaupt nicht mehr zuhört. Sie sind unglücklich und verstehen die Welt nicht mehr.

So viele Beziehungen scheitern letztlich, weil wir nicht wissen, wer wir sind und die wichtigste Beziehung vernachlässigen: die Beziehung zu uns selbst. In einer Paar-Analyse kann das Potential, aber auch die Schwierigkeit einer Beziehung aufgezeigt werden. Wenn Sie die Chemie Ihrer Beziehung verstehen, ist es vorbei mit Schuldzuweisungen und Vorwürfen gegenüber dem Partner. Denn mit der Analyse wird klar: Sie können den Partner nicht ändern, nur verstehen lernen. Hier kann der Ausspruch Goethes hilfreich sein: „Das Leben lehrt, zu sich und anderen weniger streng zu sein."

Mit Hilfe von Human Design können Sie jeden Partner, sei es ein Berufs- oder Lebenspartner, ein Kind oder eine Freundin, in seiner Einmaligkeit wahrnehmen und zunehmend akzeptieren.

Die Erfahrung der Liebe ist nicht steuerbar und entzieht sich unserer Kontrolle. Hier ist auch immer Schicksal am Werk, auf das wir keinen Einfluss nehmen können. Loslassen und Annehmen ist hier angesagt.

In der Familie, in der Gruppe und am Arbeitsplatz[26]

Sobald wir in einer Gruppe von mehreren Personen sind, verändert sich der gegenseitige Einfluss der Gruppenmitglieder untereinander. Dabei ist es ein großer Unterschied, ob wir uns in einer Kleingruppe oder einer größeren Gruppe von Menschen befinden. Jeder Mensch, der Teil einer Gruppe ist, bringt sich mit seinen Eigenschaften ein, kraft seiner aurischen Anlagen, die er während der Zeit des Miteinanders beziehungsweise des Arbeitsprozesses der Gemeinschaft zur Verfügung stellt.

Sobald Sie in einer Gruppe von drei bis fünf Personen sind, entwickelt sich eine eigene Dynamik: Sie befinden sich in einem sogenannten „Penta“. Ein Penta kann zum Beispiel eine Familie sein, eine Abteilung in einem Unternehmen, ein kleiner Betrieb, ein Arbeitskreis oder eine Interessensgruppe.

Die Mitglieder eines Pentas wirken auf eine ganz spezifische Art und Weise aufeinander ein, so dass jeder eine oder mehrere Rollen im Gruppenprozess übernimmt entsprechend seiner individuellen Anlagen. Es gibt Pentas, die gut harmonieren und Pentas, die Schwierigkeiten haben. Problematisch wird es, wenn zu viele Aufgabenfelder innerhalb eines Pentas unbesetzt bleiben, weil keiner im Penta die fehlenden Talente mitbringt oder wenn eine Handvoll Bereiche von mehreren Mitgliedern gleichzeitig abgedeckt sind, weil mehrere dieselben Potentiale besitzen.

Treffen wir auf eine Großgruppe von mehr als sechzehn Menschen, handelt es sich um ein sogenanntes „Wa“. „Was“ finden wir zum Beispiel in größeren Betrieben, in Schulklassen, in Ausbildungsgruppen und Vereinen. In dieser Gruppierung sind wieder andere Eigenschaften gefordert als im Penta.

Dass ein Betrieb erfolgreich ist, hängt davon ab, ob alle wichtigen Aufgabenbereiche von der Mitarbeiterschaft besetzt, aber nicht überbesetzt sind. Befinden sich beispielsweise in einer Abteilung zwei Chefs – oder gar keiner mit Chef-Qualitäten, wird in beiden Fällen keine produktive Arbeit geleistet werden können, so sehr sich die einzelnen Mitarbeiter auch bemühen mögen.

Es gibt natürlich große Unterschiede von Mensch zu Mensch. Manche Menschen sind am effektivsten, wenn sie alleine arbeiten, andere entfalten ihre Talente optimal zu zweit oder in der Kleingruppe, also im Penta, wieder andere laufen in der Großgruppe, also im Wa, zur Hochform auf. Es hängt immer von den individuellen Anlagen ab.

In der „Familien-Analyse"(drei bis fünf Personen) und in der Business-Analyse („BG5-Analyse") des Human Design kann diese Thematik transparent gemacht werden.

Mit Tieren, Pflanzen und Gegenständen[27]

Nicht nur Menschen haben Designs, auch Tiere und Pflanzen, selbst unbelebte Gegenstände verfügen über ein Tor. Es ist das Tor 25 im G-Zentrum. Nur so ist es möglich, dass Lebewesen auf Dinge einwirken können; dass der Schnitzer zum Beispiel das Holz bearbeiten und der Hund den Knochen zermalmen kann.

Säugetiere verfügen über fünf Zentren. Vögel, Fische, Reptilien und Insekten sind mit vier Zentren ausgestattet. Pflanzen haben drei Zentren angelegt.

Interessant ist dabei, dass sowohl Tiere wie auch Pflanzen hängende Tore haben, mit denen sie eine Aura-Verbindung zu Menschen eingehen können.
Das sind dann die Menschen, die einen besonderen Draht zu Tieren haben, wie zum Beispiel der Pferde- oder Hundeflüsterer. Genauso treffen wir auf Menschen mit einer außergewöhnlichen Beziehung zu Pflanzen, also diejenigen, die den sogenannten „Grünen Daumen" besitzen.

Generell wirken Tiere über ihre Aura positiv auf uns Menschen ein. In einer Reihe von Studien wurde nachgewiesen, dass Menschen, die mit Haustieren zusammenleben, eine deutlich höhere Lebenserwartung haben und dass Tiere einen stabilisierenden Einfluss besonders auch auf Kinder, Kranke oder ältere Menschen haben.

Ra meinte im Übrigen, dass es mit der Fürsorge der Menschen gegenüber Ihren Kindern um einiges schlechter bestellt wäre, wenn sie nicht geprägt würden durch die fürsorgliche Aura der Tiereltern. Man denke nur an die aufopferungsvolle Brutpflege der Vogeleltern gegenüber ihren Jungen.

Wenn Sie den Geburtstag Ihres Haustiers wissen, kann festgestellt werden, ob es ein Alpha-Tier ist und ob es, beziehungsweise wie es zu Ihnen passt, denn auch Haustiere haben ihr individuelles Design. Dieses Wissen kann sehr hilfreich sein, wenn Sie sich ein Haustier zulegen möchten.

G | Zeitenwende

Das Hinschauen ist dein Guru.

[Krishnamurti]

Dass wir in einer ungewöhnlichen Zeit leben, ist offensichtlich. Der technische Fortschritt rast in nie geahnter Geschwindigkeit voran. Was heute noch modern ist, wird morgen schon ein alter Hut sein.

Jede Zeit hat ihre Qualität und ihre ganz eigene Hintergrundmelodie, auch aus der Sicht des Human Design. Mit diesem Werkzeug können wir auch große Entwicklungsphasen der Menschheit verstehen und erkennen, die sich in den sogenannten Kreuzen ausdrücken. So hat nicht nur jedes Individuum sein Kreuz zu tragen, sondern auch jede Zeitepoche wird von einem Kreuz geprägt.

Das sogenannte „Kreuz der Planung" bestimmt schon lange unser Leben. Es begann zur Zeit der industriellen Revolution und brachte uns wissenschaftlichen Fortschritt in ungeahntem Ausmaß und damit auch unzählige Erfindungen, die den Alltag enorm erleichtern. Das erklärt sich aus dem Umstand, dass das Kreuz der Planung aus den zwei logischen Toren 16 und 9 besteht. Auf der anderen Seite verfügt es über die Tore 37 und 40, die den Kanal der Gemeinschaft bilden; ein deutlicher Hinweis dafür, dass es in dieser Zeitphase um die Bildung von Gemeinschaften geht. Im engeren Sinne bekommt die Familie eine große Bedeutung, aber auch das gesamte Gemeinwesen entwickelt und institutionalisiert sich: Dies zeigt sich auf lokaler Ebene in Vereinen, Dörfern bis hin zu Städten, des weiteren auch auf der überregionalen Ebene der Bundesländer bis hin zu internationalen und globalen Gemeinschaften wie Staatenbünden, nationalen und internationalen Vereinigungen (Nato, UNO, EU). Unter dem Kreuz der Planung entstanden neue Gemeinschaften in allen Lebensbereichen; sei es in der Wirtschaft (Firmen, Banken), im Bildungswesen (Schulen, Universitäten), auf den Gebieten mit medizinisch-pflegerischem Interesse (Krankenhäuser, Alten- und Pflegeheime) und mit humanitären Anliegen (Amnesty International, das Rote Kreuz, Welthungerhilfe).

Durch den immensen medizinischen Fortschritt, die bessere Hygiene und die große Ernährungsvielfalt brachte das Kreuz der Planung den Menschen in den Industrienationen eine viel höhere Lebenserwartung. Früher lag das Durchschnittsalter bei 30 Jahren, heute kann ein Mensch im Durchschnitt gut 84 Jahre alt werden.

Nun geht diese Phase ihrem Ende zu, und die Auflösung der Gemeinschaften, die das Kreuz der Planung in ihrer Blütezeit hervorgebracht hat, ist überall spürbar: Familien brechen auseinander, Vereine sterben, Firmen, Banken und Betriebe gehen bankrott, große Staaten zerfallen in kleine Einzelstaaten, wie dies die Beispiele der früheren Sowjetunion und des einstigen Jugoslawien deutlich demonstrierten.

Das Kreuz der Planung wird im Jahr 2027 vom „Kreuz des Schlafenden Phönix" abgelöst werden. Dieses Kreuz wird aus den drei individuellen Toren 20, 34 und 55 und dem Stammestor 59 gebildet. Diese Tore weisen in eine andere Richtung, weg von den künstlich aufgeblasenen Riesen-Organisationen, wie sie in einer Zeit des logischen Machbarkeitswahns entstanden sind. Die Entwicklung geht also in Richtung größerer Individualität. Auch dafür zeigen sich bereits jetzt Zeichen der Zeit: Single-Haushalte nehmen zu, die Förderung der Individualität und das Ausleben eigener Interessen spielen eine immer größere Rolle. Die Tore 20 und 34 bilden den Kanal des Immerzu-beschäftigt-Seins. Sind die Vorboten davon nicht jetzt schon bemerkbar? Das Rentenalter wird von der Politik immer höher gesetzt, obwohl es immer weniger Arbeit für immer mehr Menschen gibt. Wer keine Arbeit hat, ist mit Arbeitssuche intensiv ausgelastet, und auch außerhalb des Arbeitslebens haben die Menschen keine Zeit, sondern Freizeitstress. Angebote dafür gibt es mehr als genug. Es hat sich eine regelrechte Freizeitindustrie entwickelt.

Tor 59, das vierte Tor im Kreuz des „Schlafenden Phoenix" hat mit Fruchtbarkeit zu tun, im klassischen Sinne des sich Vermehrens. Das Kinderkriegen wird in Zukunft zu einem immer größer werdenden Problem. Schon jetzt haben viele Paare in den

Industrienationen Schwierigkeiten damit, Kinder zu bekommen. Zum einen hat das mit der individuellen Lebensplanung zu tun, weil die Frauen immer älter werden, bis sie sich für eine Schwangerschaft entscheiden, und dann auch nicht mehr so fruchtbar sind. Aber auch die Fruchtbarkeit der männlichen Samen nimmt ab, was unter anderem auf Umweltbelastungen zurückzuführen ist.

Wie die Menschheit das Problem in Zukunft lösen wird, mit Kindern aus der Retorte oder wie auch immer, wird sich zeigen.

Die Ebene unter der Linie[28]

Jedes Hexagramm hat sechs Linien, und jedes Hexagramm in Ihrer Körpergrafik steht in einer bestimmten Linie. Dadurch erfahren Sie schon sehr viel über Ihre Eigenschaften. Aber damit ist erst die Oberfläche beschrieben. Unterhalb dieser Linien des Hexagramms befinden sich die sechs Farben, darunter die sechs Töne, und die tiefste Ebene ist die der fünf Basen.

Ra hat in seinen letzten Lebensjahren mit großer Hingabe diese tiefen Bereiche ausgelotet und unterrichtet. Die Schlussfolgerungen, die er daraus zog, sind erstaunlich. In diesem Zusammenhang durfte ich unglaublich treffsichere Beobachtungen machen, in meinem persönlichen Leben und bei anderen.

Diese Themen werde ich nur kurz anhand von einigen Beispielen ansprechen, denn sie würden den Rahmen dieses Buches sprengen. Aus der individuellen Farb- und Ton-Ebene können ganz neue und bahnbrechende Erkenntnisse gezogen werden, da jeder Mensch aufgrund seiner individuellen Veranlagung verschiedene Aspekte aus der Gesamtheit der Neutrino-Information filtert. Ein Teesieb filtert beispielsweise auch anders als ein Kaffeefilter.

Um zu korrekten Aussagen zu kommen, ist in dem Zusammenhang eine möglichst genaue Geburtszeit unerlässlich.

Die korrekte Ernährung und der richtige Ort

Die *korrekte Ernährung* nach dem Human Design, das sogenannte PHS, zeigt auf, wie unsere Körper optimal arbeiten, wenn sie richtig ernährt werden. Dabei geht es weniger darum, was gegessen wird als vielmehr darum, wie gegessen wird. Jeder Mensch ist einzigartig in seinen Anlagen und deshalb muss jeder Mensch so essen, wie es für ihn richtig ist. Dann erwarten ihn bessere Verdauung, eine stabile Gesundheit und mehr Wohlbefinden. Alleine das ist schon großartig, aber das Faszinierende ist der Wiederaufbau bestimmter neuronaler Bahnen im Gehirn, die seit dem dritten Lebensjahr nicht mehr gearbeitet haben. Denn im Normalfall essen wir entsprechend unseres Kulturkreises, unserer Tradition und Gesellschaft oder aufgrund irgendwelcher propagierter Ernährungsvorschriften, was dem einen gut tut und dem anderen schadet. Es ist ein riesiger Zufall, wenn ein Mensch heutzutage korrekt seinem Wesen nach aufgezogen und ernährt wurde.

Beispiele: Es gibt Menschen, die verdauen besser, wenn sie bei Tageslicht essen, andere verdauen optimal, wenn es draußen dunkel ist. Manche Menschen brauchen Stille beim Essen, andere akustische Stimulation. Es gibt welche, die vertragen nur kalte Speisen, wieder andere nur warme Mahlzeiten.

Die Sinne spielen ebenfalls eine große Rolle bei der Nahrungsaufnahme. Mancher muss sein Essen berühren, bevor er es in den Mund schiebt. Andere sollten nur essen, was ihnen schmeckt. Es gibt auch Menschen, die am Essen riechen müssen, um ihre Verdauung anzuregen.

Darüber hinaus gibt es für jeden Menschen einen *korrekten Ort,* der eine nährende Umgebung darstellt, weil sich der Mensch dort wohl fühlt und gesunden kann. Der Ort kann überall auf der Welt sein. Optimal wäre es, diesen Ort als Dauerwohnsitz zu haben, aber es ist schon hilfreich, ihn aufzusuchen, wenn es einem körperlich schlecht geht oder wenn man ein Problem hat. Am richtigen Ort kann die Lösung kommen.

Beispiele: Es gibt sogenannte Höhlenmenschen, die es brauchen, einen Rückzugsraum zu haben, wo Fenster und Türen geschlossen sind. Andere benötigen eine Umgebung, in der immer etwas los ist. Diese Menschen sind meist besser in der Stadt aufgehoben. Wieder andere brauchen den Aufenthalt im Tal oder auf dem Berg, um sich wohl zu fühlen.

Was es heißt, rechts oder links zu sein

Bei Verstand, Gehirn, Körpermodus und Sichtweise gibt es eine rechte und eine linke Variante, die in unterschiedlichen Kombinationen auftreten können.

Alles, was *links* ist, ist aktiv und strategisch und hat immer eine Absicht. Die Vorgehensweise kann folgendermaßen ablaufen: „Ich habe ein Problem. Das muss ich lösen. Wie mach ich das am besten? Wen oder was brauche ich dazu? An wen kann ich mich wenden?" Sobald ein Problem da ist, sind diese Menschen in ihrem Fokus gefangen. Dann nehmen sie alles andere nicht mehr wahr. Sie können nicht das ganze Bild sehen. Sie sehen nur das, was jetzt für sie wichtig ist und was sie brauchen.

Alles, was *rechts* ist, ist passiv, rezeptiv und hat unglaubliche Tiefe. Diese Menschen können wie ein Schwamm alles aufnehmen und sind eine enorme Quelle für andere. Das Dilemma ist, dass die rechtsangelegten Menschen selbst keinen Zugang haben zu ihrem inneren Reichtum und deshalb meinen, dass sie dumm sind und von nichts eine Ahnung haben. Sie können wahrnehmen ohne Urteil, ohne Begründung. Sobald sie aber versuchen, sich zu konzentrieren, verlieren sie die Tiefe ihres Potentials.

Diese Tiefe ist neu und wird in Zukunft immer mehr an Bedeutung gewinnen für die gesamte Menschheit. Unsere Gesellschaft und unsere Schulen sind linksorientiert, also am aktiven Verstand ausgerichtet. Dabei geht es stets um das methodische Denken. Diese Linksorientiertheit geht ihrem Ende zu. Wir sind jetzt in einer Übergangszeit.

Schätzungsweise die Hälfte aller Menschen sind von ihrer Anlage her heute schon rechts orientiert. Für sie ist es im Moment noch schwierig, in einer linksdominierten Welt zu bestehen, das fängt an in der Schule und hört auf im Beruf. Doch die Probleme der Zukunft werden ohne die rechtsangelegten Menschen nicht zu lösen sein.

Die richtige Motivation im Leben

Jeder Mensch hat auf Grund der Farbe seiner Persönlichkeit die Anlage für eine bestimmte Motivation im Leben. Doch wie gehen wir im Allgemeinen damit um? Wir leben genau das Gegenteil unserer korrekten Motivation aus und wundern uns, wenn vieles in unserem Alltag nicht so funktioniert, wie wir es uns wünschen. Sobald wir unsere richtige Motivation kennen, kann uns der Verstand eine große Hilfe sein.

Das Trainingsprogramm für unseren Verstand besteht nun darin, dass er auf dieses Phänomen achten sollte. Es ist die einzige und sinnvolle Aufgabe für unseren Verstand, die Gedanken zu beobachten und sich darüber mit anderen auszutauschen. So verliert der Verstand seine Allmachtsgedanken: Ich will ..., ich kann ..., ich muss ... Wir identifizieren uns dann nicht länger mit unseren Gedanken. Auch hört der Verstand auf zu kontrollieren. Ebenfalls hört er damit auf, dem Körper Vorschriften zu machen, was dieser tun und lassen, wie dieser aussehen und was dieser essen sollte et cetera. Der Körper hat nämlich kein Interesse am Verstand. Er rettet uns vor der Überheblichkeit des Verstandes. Deswegen ist es auch so wichtig, auf die innere Autorität zu achten, um zu spüren, was der Körper will und braucht.

Beispiele: Es gibt Menschen, die als korrekte Motivation das Thema „Hoffnung" haben. Es ist kein blindes Hoffen, sondern eine Kognition. Diese Menschen können durch ein tiefes Vertrauen in das Unbekannte sicher durchs Leben navigieren. Was machen sie stattdessen? Sie kontrollieren alles und jeden. Sie wollen immer etwas verändern und wissen nicht, was sie tun. Solche Ärzte beispielsweise sind eine Katastrophe, weil sie immer wieder etwas finden, das nicht in Ordnung ist.

Nun hat jemand die genau entgegengesetzte Motivation, nämlich das Thema „Verantwortung". Was macht er? Er sitzt auf der Titanic und sagt: „Alles ist okay!" Das ist ungesund für ihn. Er lebt das Thema „Hoffnung" und tut nichts, obwohl er genau weiß, was er für sich und die anderen tun muss. Hier geht es darum, „Verantwortung" als Lebensmotivation wahrzunehmen und zu leben.

Dann gibt es Menschen, die als richtige Motivation das Thema „Sehnsucht" haben. Gemeint ist hier die Sehnsucht, Anführer zu sein. Diese Menschen sind davon überzeugt, keine Führungsrolle einnehmen zu können und halten sich deshalb aus allem heraus. Aber genau sie sind die geborenen Anführer.

Die meisten Führungspersonen in unserer Gesellschaft haben kein Talent darin, andere anzuführen. Aber sie selbst sind davon überzeugt, diese Rolle auszufüllen und überzeugen andere von ihrem vermeintlichen Talent. Für diese Menschen wäre es richtig, sich nicht überall einzumischen und stattdessen das Leben in aller „Unschuld" zu genießen. Denn ihre korrekte Motivation lautet „Unschuld". Dies ist auch der Grund, warum wir auf der Welt so viele unfähige Anführer haben.

Das Erkennen und Annehmen der korrekten Motivation kann ein maßgeblicher Schlüssel für ein erfülltes Leben sein.

Der Verstand, ein Auslaufmodell

Giulio C. Giacobbe geht in einem Buch der Frage nach, wie Sie „Ihre Hirnwichserei abstellen und stattdessen das Leben genießen“ können.[29]

Immer mehr Autoren nehmen sich unseres übereifrigen Geistes an. Das legt den Schluss nahe, dass unser Verstand ein moderner Bösewicht ist. Aber was wären wir ohne ihn? Wir würden immer noch in der Steinzeit leben und wären gezwungen, ein körperlich anstrengendes, gefährliches und entbehrungsreiches Leben zu führen. Und ohne den Verstand wäre dieses Buch nicht entstanden, so viel steht auch fest.

Aber tatsächlich ist der Verstand nicht die einzige Instanz, mit der wir unser Leben gestalten, sondern eine von mehreren, die sich im Verlauf der Evolution entwickelt haben. Diese weiteren Möglichkeiten der Wahrnehmung sind alle auch in unseren Körperzentren des Rave Charts repräsentiert: Unser Körperbewusstsein, das mit dem Milz-Zentrum korreliert, ist uralt. Es ist unser Dinosaurier-Bewusstsein, welches sich durch die Intuition im Augenblick ausdrückt. Um das Überleben zu sichern, hat man die Wahl, zwischen Kampf, Stillhalten oder Flucht, ein Reflex, der übrigens noch tief in unseren Genen steckt.[30]

Vor ungefähr 80000 Jahren entwickelte sich das mentale Bewusstsein, repräsentiert durch unser Verstandes-Zentrum. Es ist so alt wie das Sprechen. Der Verstand kann immer plappern. Es gibt keine Off-Taste.

Der Solar Plexus kam vor etwas mehr als 2000 Jahren ins Spiel mit dem Aufkommen des Buddhismus und des Christentums. Seither begleiten Emotionen unser Leben. Nächstenliebe und Mitgefühl werden zu neuen Qualitäten des Miteinanders.

Das emotionale Bewusstsein folgt einer Wellenbewegung; eine relative Klarheit setzt erst ein, wenn die Welle wieder den neutralen Punkt erreicht hat. Der Umgang mit Emotionen ist allein deshalb schon kein einfaches Thema. Hochkompliziert und verwirrend wird die emotionale Auseinandersetzung, wenn sich dann auch noch der Verstand einmischt mit seinen Fragen, Zweifeln, Ängsten und Kommentaren.

Wir leben in einer mentalen Hoch-Zeit, die an unnötigen und übertriebenen Analysen kaum zu übertreffen ist, damit unser Geist auch stets ausreichend zu knabbern hat. Beispielsweise werden wir mit Statistiken überfüttert. Sportler, ob sie nun vor dem Wettkampf stehen oder gewonnen oder verloren haben, müssen ein Feuerwerk an Fragen über sich ergehen lassen, das an Absurdität kaum zu toppen ist. Alles muss begründet werden, damit der Geist Befriedigung erfährt.

Ein überaktiver Geist kann uns das Leben extrem schwer machen. Er liebt es, in Problemen zu denken. Wenn er keine hat, erfindet er welche.[31]

So kann keine Lebensfreude aufkommen. Irgendein findiger Kopf kreierte den Begriff „Problembewusstsein". Auf dieser Ebene bewegen sich heutzutage die meisten Menschen und zwar in allen Lebenslagen. Warum lieben Sie Melanie, obwohl Sie so viel an ihr auszusetzen haben? Darüber könnten Sie sich tagelang den Kopf zerbrechen, aber welchen Sinn hätte es? Rick Linchitz meint aus gutem Grund: Der Verstand kann alles verderben.[32]

Doch genau dieser Verstand, der vom „Mainstream" so unendlich hoch gehalten wird, kämpft verzweifelt ums Überleben.

Die Alzheimer Krankheit scheint sich zu einer Volkskrankheit zu entwickeln. So traurig dieses Schicksal für Betroffene und ihre Familien sein mag, zeigt es deutlich, dass der Verstand ein Auslaufmodell ist. Als Angehörige sind wir gezwungen, eine ganz neue Beziehung, nämlich eine rein emotionale, zu unserem kranken Verwandten aufzubauen, jenseits aller Gedanken und mentalen Konstrukte.

Evolution kümmert sich nicht um Einzelschicksale, auch wenn uns das aus Verstandessicht grausam erscheint. Ab 2027 wird das Verstandesdenken massiv an Bedeutung verlieren, weil wir dann einen anderen Zeitgeist haben werden. Dazu mehr im nächsten Kapitel. Es verhält sich ähnlich wie bei einem sterbenden Baum, der in seinem letzten Lebensfrühling austreibt und blüht wie noch nie zuvor.

Zudem benützen die wenigsten Menschen ihren Verstand korrekt, sondern bemühen ihn ununterbrochen für alles und jedes. Wir werden von Schule und Gesellschaft konditioniert, auf eine bestimmte Art zu denken, unabhängig davon, wie unser Gehirnsystem angelegt ist. So nimmt es kein Wunder, wenn das Gehirn eines Tages aussteigt und seinen Dienst versagt. Bei einem Auto, das den falschen Kraftstoff bekommt, sind die Folgen viel früher spürbar.

Solange der Verstand der Diener unseres Hauses, sprich Körpers, bleibt, und nicht die Rolle des Hausherrn übernimmt, haben Sie gute Voraussetzungen für ein glückliches Leben.

Abschließend noch ein kleiner Trost für Sie: Um eine erfolgreiche Geschäftsfrau oder ein geschickter Geschäftsmann zu sein, brauchen Sie keine mentalen Fähigkeiten. In diesem Bereich ist ein guter Instinkt gefragt.

Jorge Bucays Geschichte „Der Portier des Freudenhauses", die ich im Folgenden kurz wiedergebe, bringt dieses Phänomen auf den Punkt.[33]

Ein Mann, der weder lesen noch schreiben konnte, hatte bereits in dritter Generation den wenig angesehenen Job eines Freudenhaus-Portiers inne. Als der alte Freudenhausbesitzer starb und ein junger ehrgeiziger Mann seine Stelle übernahm, verlangte er vom Portier einen schriftlichen Wochenbericht. Da der Portier Analphabet war, verlor er seinen Job. Dem arbeitslosen Portier fiel ein, dass er von Zeit zu Zeit Reparaturarbeiten mit Hammer und Nagel verrichtet hatte, und er stellte fest, dass es in seinem Dorf keine Eisenwarenhandlung gab. So war er zwei Tagesreisen mit seinem Esel unterwegs ins nächste Dorf und kaufte von einem Teil seiner Abfindung einen Werkzeugkasten. In seinem Dorf sprach es sich herum, dass es beim einstigen Portier Werkzeug zu leihen gab. Bei der nächsten Reise ins Nachbardorf kaufte er noch mehr Werkzeug ein und fing an, dieses in seinem Heimatdorf zu verkaufen.

Der Mann entwickelte sich im Laufe von zehn Jahren zum millionenschweren Eisenwarenproduzenten und zum einflussreichsten Unternehmer dieser Region. So beschloss er eines Tages, seinem Dorf eine Schule zu stiften. Es sollte Lesen und Schreiben unterrichtet werden, aber auch Künste und Handwerksberufe gelehrt werden. Als Dankeschön wurde ihm vom Bürgermeister die Ehre zuteil, sich auf die erste Seite des Goldenen Buchs der neuen Schule einzutragen. Der Mann sagte, dass er das leider nicht könne, da er Analphabet sei. Der Bürgermeister war erstaunt und meinte, wie erfolgreich der Mann erst wäre, wenn er lesen und schreiben gelernt hätte. „Dann wäre ich immer noch Portier vom Freudenhaus!" meinte der erfolgreiche Unternehmer.

Wir können häufig beobachten, dass Menschen mit besten Schulabschlüssen in ihrem späteren Leben durchaus Probleme damit haben können, sich auf der materiellen Ebene durchzusetzen.

Die neuen Menschen[34]

Die letzte große biologische Mutation des Menschen steht bevor. Sie nimmt ihren Anfang in 2027, wenn der erste sogenannte „Rave“ geboren wird. Dies ist die Bezeichnung dieses neuen Menschen. So wurde es Ra von der mystischen Stimme gesagt, die ihm das Human Design System gegeben hatte.

Dieses neue Wesen wird nicht viel anders aussehen als wir, nur die Art und Weise, wie es mit anderen in Kontakt steht, ist für uns ganz und gar fremd. Der Rave ist eine Weiterentwicklung von uns, auch wenn wir ihn zunächst nicht als solchen wahrnehmen, weil er mit uns nichts anfangen kann und wir mit ihm ebenfalls unsere Schwierigkeiten haben. Autisten sind ein kleiner Vorgeschmack auf diese neuen Wesen. Die Raves haben die emotionale Bewusstheit, das heißt, sie brauchen ihre Entscheidungen nicht abzuwarten und zu überschlafen, wie wir es tun müssen, wenn unser Solar Plexus definiert ist. Wir alle kennen die emotionalen Dramen und die Fallen, in dir wir so leicht tappen, weil wir uns von Emotionen regieren lassen, und zwar völlig unabhängig davon, ob wir emotional offen oder definiert sind. Die Raves kommunizieren auf Aura-Ebene mit anderen Raves, ohne Berührung, ohne Sprache und ohne Blickkontakt.

Die emotionale Welle wird durch diese Menschen zum Stillstand kommen. Wir werden unsere bisherige Begrenztheit überwinden, weil nichts mehr persönlich genommen wird. Das Ganze ist ein Prozess, der wahrscheinlich erst nach hundert Jahren Auswirkungen zeigen wird, da die neuen Rave-Menschen erst nach und nach das Licht der Welt erblicken. Dann werden Herz-Schmerz-Geschichten ihr endgültiges Ende finden. Übrigens haben diese Raves ganz normale Eltern wie Sie und mich.

Noch bewegen wir uns als Menschheit auf der Ebene der „Killeraffen“, wie Ra zu sagen pflegte. Wir katapultierten uns mit Hilfe unseres immer klüger werdenden Verstandes an die Spitze der Nahrungskette und haben das Talent entwickelt, dass wir uns und alles Leben auf der Erde mehrmals auslöschen könnten.

Fast alle physische Gewalt wird aus der Welt verschwinden, wenn die emotionale Welle weg fällt, so dass der Spirit erwachen kann.

Ob und wie wir mit den Raves leben können, wird sich zeigen. Auch Cromagnon-Menschen und Neandertaler sollen Zehntausende von Jahren gleichzeitig nebeneinander gelebt haben.

Wodurch kommt diese Mutation zustande? Wir sind Bio-Wesen nach der Devise: „Du bist, was du isst!" Unsere Nahrungsmittel, die für uns Menschen in den Industrienationen so abwechslungsreich sind wie nie zuvor in der Geschichte der Menschheit, haben unter anderem zur Folge, dass wir viel größer werden als unsere Vorfahren, aber sie bewirken auch eine Erwärmung des menschlichen Körpers, was Hand in Hand mit der Erwärmung des Klimas geht. Alle Umweltaktivisten und Klimaschützer mögen Nachsicht üben: Die Klimaerwärmung ist die Voraussetzung für die letzte große Mutation der Menschheit. Wir haben keine Wahl.

Schlussbemerkung

Gerade, weil man damit zufrieden ist,
einfach nur zu sein,
gibt es keinen Makel und keine Schuld.
[Laotse]

Nun haben Sie viel Information erhalten, die zum Verarbeiten und Umsetzen ihre Zeit braucht. Human Design-Wissen ist speziell. Zunächst wird es mit dem Verstand aufgenommen, und allmählich kommt es auch in Ihren Körperzellen an. Daraus kann sich ein tiefes, ganzheitliches Verständnis darüber entwickeln, was es heißt, in diesem Körper korrekt, also seinem Design entsprechend, unterwegs zu sein.

Human Design ist in erster Linie dazu da, dass Sie es in Ihrem Alltag ausprobieren, indem Sie eigenverantwortlich entscheiden. Täglich können Sie neue und spannende Beobachtungen machen. Starten Sie das Experiment!

Natürlich interessieren Sie sich für die Designs Ihrer Mitmenschen. Dagegen ist nichts einzuwenden. Es sollte aber nicht Ihr oberstes Ziel sein, andere anhand Ihres neu erlangten Wissens schulmeisterlich zu belehren.

Was ist das Geschenk, wenn Sie sich selbst leben? Sie bekommen die richtigen Freunde, die richtige Arbeit und die richtige Umgebung, das Leben, das zu Ihnen passt und zu welchem Sie hier auf der Erde sind. Dabei lernen Sie sich immer besser zu akzeptieren, ein Weg, der schließlich zu Selbstliebe führt. „Love yourself!“ war eine der Botschaften Ras, die ihm sehr am Herzen lag.

Human Design ersetzt keinen Arztbesuch und keine Psychotherapie. Wenn Sie aus sich selbst heraus entscheiden, entscheiden Sie sich für den richtigen Weg, wie auch immer dieser aussehen mag. Für Psychotherapeuten, Ärzte und Heilpraktiker kann Human Design sehr erhellend sein bei der Behandlung ihrer Patienten. Wenn beispielsweise ein Patient eine Burnout-Situation erleidet und der Arzt sieht, dass dieser ein offenes Sakral-Zentrum hat, weiß er augenblicklich, wo das Problem liegt. Oder eine Patientin wird immer wieder gequält von starken Schuldgefühlen und weist gleichzeitig einen offenen Solar Plexus und ein offenes Ego auf, erkennt die Therapeutin auf den ersten Blick die Ursache der psychischen Belastung und kann darauf gezielt ihre Therapie aufbauen.

Gleichermaßen möchte ich auch Eltern und Lehrer ansprechen, die in der Verantwortung stehen, die nächste Generation großzuziehen. Sie können die Kinder mit Hilfe des Human Design-Wissens korrekt begleiten und sie darin unterstützen, zu authentischen Erwachsenen heranzuwachsen.

Dieses Buch hat Ihnen einen ersten Einblick gegeben. Möchten Sie Ihr Wissen über Human Design vertiefen, stehen Ihnen im deutschsprachigen und internationalen Raum eine Vielzahl an Human Design Analytikern und Lehrern zur Auswahl, die unter anderem auch Spezialanalysen anbieten zu den Themen Partnerschaft, Ernährung, Gesundheit, Familie, Business Consulting, Lebenszyklen, Jahresthemenvorausschau.

Sie können den Analytiker oder die Analytikerin Ihrer Wahl persönlich aufsuchen oder Sie lassen sich eine CD mit Ihrer Wunschanalyse erstellen.

Des Weiteren besteht die Möglichkeit, bei einem der Human Design Lehrer eine Ausbildung zum Analytiker zu machen. Auch können Sie über das deutschsprachige Human Design Online Radio (unter: www.humandesignsystem.info) Ihr Human Design Wissen erweitern.

Nun haben Sie einiges über sich selbst erfahren. Möglicherweise können Sie erkennen, dass es nicht Ihr persönlicher Verdienst oder Ihr persönliches Elend ist, so zu sein, wie Sie sind. Deshalb gibt es keinen Anlass für Stolz und keinen Anlass für Scham. Sie sind, wer Sie sind und können sich mit niemandem vergleichen. Keiner ist besser und keiner ist schlechter. Sie können nur auf Ihre eigene, einzigartige Weise durchs Leben gehen. Jede, jeder und alles ist vollkommen, der Misthaufen genauso wie die Mona Lisa.[35]

Verstehen kann ein erster Schritt sein, um zu begreifen, wer Sie selbst sind und wer die anderen sind – Charaktere im Schauspiel der Dualität. Als nächster Schritt kann das Annehmen in Dankbarkeit und Liebe erfolgen. Im letzten Schritt verliert der Verstand sein Interesse am mentalen Verstehen, weil er seine Ohnmacht spürt angesichts der korrekt getroffenen Entscheidungen aus dem Körper heraus und kann loslassen, weil klares Sehen jenseits aller Dualität stattfindet.[36]

Alles ist Gnade. Wir haben keine Wahl. „No Choice!", wie Ra immer wieder betonte.

Genießen Sie es, Sie selbst zu sein! Ich wünsche Ihnen viel Spaß dabei.

Am Urgrund des Seins
angekommen,
wo Wellen Wasserwogen sind,
keine Stürme, keine Flauten,
wo alles seinen Platz hat,
einfach ist, was es ist,
wo verstanden wird ohne Worte,
wo gesehen wird ohne Werten,
wo es ganz still wird in uns,
Frieden einkehrt,
Zeiten und Räume überdauernd,
Sein.

Weiterführende Informationen unter:
www.humandesign-bayern.de
www.humandesignsystem.info
www.jovianarchive.com

Bibliografie

1 Martin Schönberger: „I Ging und genetischer Code“, 2000, Windpferd

2 Rupert Sheldrake: „Das schöpferische Universum“, 2009, Ullstein

3 Joachim Bauer: „Das Gedächtnis des Körpers“, 2004, Piper TB, S. 166

4 Richard Rudd: „Körper, Geist und Gene“, 2002, Ibera, S. 9f

5 Ra Uru Hu: „Die 4 Typen“ 2001, Jovian Archive Corporation

6 Elke Heidenreich: „Nero Corleone“, 2011, dtv

7 Ra Uru Hu: „Die 4 Sichtweisen“, 2006, Jovian Archive Corporation

8 Peter Schöber: „Das Human Design System, Typus, Strategie und Innere Autorität“, 2008, Ibera, S. 150

9 Ra Uru Hu: „Living Design, ein Handbuch der Grundbegriffe“, 2000, Jovian Archive Corp.

10 Laotse: „Tao te king“ aus Satyam Nedeen: „Von der Zwiebel zur Perle“, 2006, Kamphausen, S. 198 ff

11 Dr. med. Gunter Frank: „Schlechte Medizin, ein Wutbuch“, 2012 Knaus, S. 234 ff

12 Joachim Bauer: ebd., S. 203

13 Ra Uru Hu: „Aus dem Buch der Lettern“, 1996 Jovian Archive Corporation

14 Joachim Bauer: ebd., S. 35 ff

15 Richard Wilhelm: „I Ging“, 1992, Eugen Diederichs Verlag

16 Ra Uru Hu: „Die 4 Sichtweisen“, ebd.

17 Ra Uru Hu: „Das gesamte Rave I Ging“, 2001, Jovian Archive Corporation

18 Ra Uru Hu: „ Aus dem Buch der Lettern“, ebd.

19 Dr. med. Gunter Frank: ebd., S. 101 f und S. 255 ff
20 Ra Uru Hu: „Die 4 Sichtweisen“, ebd.
21 Ra Uru Hu: „Die 4 Sichtweisen“, ebd.
22 Ra Uru Hu: „Überblick über die 12 Profile“, Jovian Archive Corporation, Herausgeberin Ilse Sendler: Human Design Austria
23 Richard Rudd: ebd., S. 47
24 Ra Uru Hu: „Inkarnationskreuze“, 2002, Jovian Archive Corporation
25 Ra Uru Hu: „Human Design und Partnerschaft“ 2009, Jovian Archive Corporation
26 Deutschsprachige Human Design Schule: „Human Design Welt in Bildern“, 2003, Jovian Archive Europe
27 Deutschsprachige Human Design Schule: ebd.
28 Aus meiner zweijährigen PHS und Rave Psychology Ausbildung bei Ra Uru Hu in 2006 und 2007
29 Giulio C. Giacobbe: „Wie Sie Ihre Hirnwichserei abstellen und stattdessen das Leben genießen“, 2005, Goldmann
30 Joachim Bauer: ebd., S. 12 ff
31 Andreas Knuf: „Ruhe da oben“, 2010, Arbor Verlag S. 79
32 Rick Linchitz: „Jeder Augenblick ist Gnade“, 2007, Kamphausen, S. 109
33 Jorge Bucay: „Komm, ich erzähl dir eine Geschichte“, 2010, Fischer Taschenbuch Verlag, S. 40 ff
34 Ra Uru Hu: „The Biversity 2001“, 2001, Jovian Archive Corporation
35 Rick Linchitz: ebd., S. 145
36 Tony Parsons: „Das ist es“, 2005, Kamphausen, S. 147

Über die Autorin

Marie-Luise Kreisz, die 1955 in Oberstdorf zur Welt kam und dort auch aufwuchs, studierte in Augsburg und München Pädagogik. Viele Jahre arbeitete sie als Grund- und Hauptschullehrerin. Mit Ehemann und Katze lebt sie im Allgäuer Voralpenland.

1999 begegnete ihr das Human Design System. Anschließend erfolgte die Ausbildung zur Human Design Analytikerin und Lehrerin. Seit 2004 bringt sie wöchentliche Beiträge im deutschsprachigen Human Design Online Radio. Im vorliegenden Buch spiegeln sich ihre langjährigen Erfahrungen mit ihren Klienten, Kursteilnehmern und Schülern wider.